NÃO TENHA MEDO DE SER CHEFE

NÃO TENHA MEDO DE SER CHEFE

Bruce Tulgan

SEXTANTE

Título original: *It's Okay to Be the Boss*
Copyright © 2007 por Bruce Tulgan
Copyright da tradução © 2009 por GMT Editores Ltda.
Todos os direitos reservados. Nenhuma parte deste livro pode ser utilizada ou reproduzida sob quaisquer meios existentes sem autorização por escrito dos editores.
Publicado em acordo com Harper Collins Publishers.

Os nomes e características das pessoas neste livro foram alterados para manter sua privacidade. Alguns personagens fictícios foram criados a partir de características de pessoas reais.

tradução
Alexandre Rosas

preparo de originais
Melissa Lopes Leite

revisão
Ana Julia Cury, Leonardo Alves e Sheila Til

projeto gráfico e diagramação
Abreu's System

capa
Miriam Lerner

impressão e acabamento
Yangraf Gráfica e Editora Ltda.

CIP-BRASIL. CATALOGAÇÃO-NA-FONTE
SINDICATO NACIONAL DOS EDITORES DE LIVROS, RJ

T83n Tulgan, Bruce
Não tenha medo de ser chefe / Bruce Tulgan [tradução de Alexandre Rosas]. Rio de Janeiro: Sextante, 2009.

Tradução de: It's okay to be the boss
ISBN 978-85-7542-511-4

1. Executivo. 2. Liderança. I. Título.

09-3465

CDD: 358.409
CDU: 65-011.4

Todos os direitos reservados, no Brasil, por
GMT Editores Ltda.
Rua Voluntários da Pátria, 45/1.404 – Botafogo
22270-000 – Rio de Janeiro – RJ
Tel.: (21) 2538-4100 – Fax: (21) 2286-9244
E-mail: atendimento@esextante.com.br
www.sextante.com.br

Este livro é dedicado a Debby Applegate.

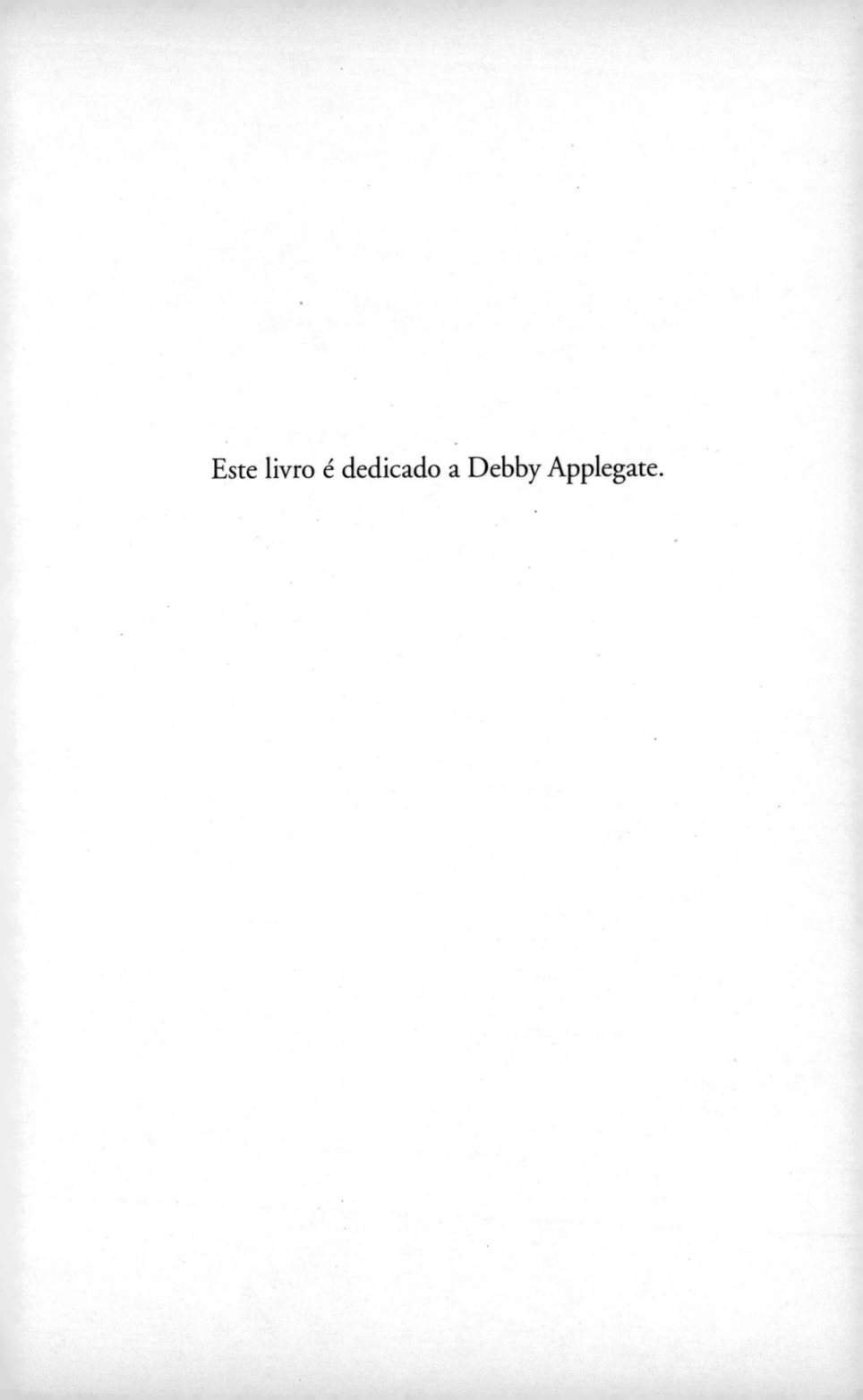

Sumário

Capítulo 1. A epidemia de subgerenciamento   9

Capítulo 2. Adquira o hábito de gerenciar todos os dias   39

Capítulo 3. Aprenda a falar como um coach   51

Capítulo 4. Para cada pessoa, uma abordagem diferente   59

Capítulo 5. A responsabilidade pessoal deve ser um processo efetivo   78

Capítulo 6. Diga às pessoas o que fazer e como fazer   94

Capítulo 7. Acompanhe o desempenho constantemente   109

Capítulo 8. Resolva os pequenos problemas antes que eles se agravem   126

Capítulo 9. Faça mais por algumas pessoas e menos por outras   143

Capítulo 10. Comece por aqui   163

Agradecimentos   187

CAPÍTULO 1

A epidemia de subgerenciamento

Você está a caminho da locadora de vídeo. Ao se aproximar, nota dois funcionários batendo papo do lado de fora. Um deles está acendendo um cigarro. Lá dentro, o único atendente parece ocupado demais atrás do balcão para ajudá-lo a localizar o DVD que você procura. Quando você finalmente o encontra, percebe que puseram o disco errado na embalagem. Decepcionado, escolhe outro título e se encaminha para a caixa. Mas, para completar, leva uma eternidade para conseguir pagar. Na saída, amaldiçoa em silêncio o péssimo atendimento e pensa consigo mesmo: "Essa locadora é uma porcaria. Tinham que contratar funcionários mais competentes."

É tentador olhar para esse problema e pôr a culpa nos funcionários ou na empresa como um todo. Mas o verdadeiro culpado está escondido nos bastidores: o gerente. É função dele saber o que está acontecendo na loja e assegurar que o trabalho caminhe da melhor forma possível. Como? Gerenciando as pessoas que trabalham nela! Dizendo aos funcionários o que fazer e como fazer, monitorando, avaliando e documentando seu desempenho, resolvendo problemas com rapidez e recompensando os que se destacarem.

Gerenciar é um compromisso sagrado. Se você é o chefe, é sua responsabilidade garantir que tudo esteja funcionando perfeitamente. Você precisa se certificar de que o trabalho está sendo muito benfeito, com bastante agilidade, o dia inteiro. O chefe também é a primeira pessoa a quem os subordinados vão recorrer quando precisarem de alguma coisa ou quando algo der errado. Se houver qualquer problema, ele é a solução. Se você é o chefe, é com você que eles vão contar.

No entanto é cada vez mais comum deparar com líderes, gerentes e supervisores que não lideram, nem gerenciam, muito menos supervisionam. Simplesmente não tomam as rédeas do trabalho. Não deixam claro o que esperam a cada etapa do processo, não acompanham desempenhos, não corrigem falhas e não recompensam êxitos. Têm medo de fazer isso, não têm vontade fazê-lo ou não sabem como se faz.

Em todo local de trabalho, em todos os níveis hierárquicos, nas empresas de todos os setores, vemos uma chocante e profunda carência de orientação, direção, feedback e apoio diário aos funcionários. É o que eu chamo de "subgerenciamento" – algo bem diferente de microgerenciamento, que peca pelo excesso.

Mostre-me um exemplo de um mau atendimento ao cliente – como o da locadora de vídeos que mencionei – e mostrarei um caso de subgerenciamento. Aliás, mostre-me qualquer problema no local de trabalho e mostrarei um caso de subgerenciamento.

O subgerenciamento custa às empresas uma fortuna por dia. Ele impede que uma enorme parcela de profissionais tenha experiências positivas no trabalho, alcance mais sucesso e receba salários e benefícios adequados às suas necessidades. Faz com que os gerentes suem, sofram e obtenham resultados medíocres. Deteriora a relação com fornecedores e clientes. E cobra seu preço à sociedade de muitas formas.

A epidemia de subgerenciamento estava na nossa cara o tempo todo

Em 1993, comecei a investigar o comportamento profissional da geração X (os nascidos entre 1965 e 1977), as pessoas da minha geração que estavam entrando no mercado de trabalho. As empresas começavam a me convidar para falar em seminários, treinar gerentes, analisar operações, conversar com líderes e dirigir grupos de discussão com funcionários. No início, meu interesse estava nas questões ligadas àquela geração. Eu chegava à empresa, entrevistava os mais novos e organizava um seminário com líderes e gerentes para compartilhar o que os jovens funcionários tinham a dizer. Normalmente, a conclusão era a mesma: "Seus funcionários mais jovens sentem que não recebem orientação suficiente dos respectivos gerentes. Querem mais treinamento, apoio e instruções. Querem mais acompanhamento e feedback." Não percebi na época, mas as pessoas da geração X estavam, de certa forma, reclamando do subgerenciamento.

Quase sempre um dos profissionais mais experientes dizia algo como: "Filho, bem-vindo ao mercado de trabalho. Todos querem ter alguém que segure sua mão, mas ninguém fará isso por você. Quando comecei, era nadar ou se afogar – o tempo inteiro! Se ninguém lhe dizia o que fazer, você se virava para descobrir sozinho. Depois, esperava que seu chefe o notasse. Se ninguém falasse nada, ótimo. Se algo desse errado, aí sim seu chefe se manifestaria. Com o tempo, você vai ganhar status de sênior e o sistema tomará conta de você. Hoje não é diferente. O pessoal da geração X tem que fazer o que todos nós fizemos. Cumprir com suas obrigações e conquistar cargos mais altos." O que esses trabalhadores experientes estavam dizendo é que, desde que se conheciam por gente, o subgerenciamento sempre fora a norma.

Embora o subgerenciamento estivesse bem diante do meu nariz, levei anos para começar a me dar conta do problema.

Ao longo dos anos 1990, com a transição do boom tecnológico para o boom das empresas pontocom, o modo de pensar da geração X se alastrou, e não apenas pela geração seguinte de jovens trabalhadores (a geração Y é uma espécie de geração X acelerada e com autoestima turbinada). Quando as pontocom faliram, foi ficando cada vez mais óbvio que aquilo que a princípio parecera "coisa da geração X" tinha se transformado no comportamento predominante dos funcionários de todas as empresas. O fato de as pessoas da geração X estarem na vanguarda dessa mudança foi apenas um acidente de percurso. Algo muito maior estava acontecendo. O tradicional vínculo hierárquico de longo prazo entre empregador e empregado estava se transformando num relacionamento de troca menos duradouro.

Nos primeiros anos do século XXI, os trabalhadores de todas as idades deixaram claro que, sem promessas de longo prazo dignas de crédito por parte dos empregadores, não iriam mais se contentar em trabalhar silenciosa e obedientemente num ambiente de competição feroz. Quanto menos acreditavam que o "sistema" iria cuidar deles por um período extenso o bastante, mais exigentes ficavam em relação a seus supervisores imediatos nas questões de curto prazo. Com a pressão no ambiente de trabalho crescendo sem parar, ficou cada vez mais difícil satisfazer os funcionários.

A partir de meados da década de 1990, acompanhei de perto e estudei a dinâmica do local de trabalho. Dediquei a maior parte do meu tempo ao treinamento de gerentes de todos os níveis: dezenas de milhares de profissionais, desde CEOs até supervisores da linha de frente, de praticamente todos os setores – varejista, de saúde, de pesquisa, financeiro, aeroespacial, de softwares, industrial, público e empresas do terceiro setor.

Eu me entusiasmo com o êxito dos gerentes, seus fracassos me deixam arrasado e seus desafios são meus também. Passei tanto tempo nos bastidores, em tantas organizações, que posso afirmar com conhecimento de causa que a maior parte dos problemas poderia ser evitada ou resolvida de imediato por um gerente pragmático e dedicado, um chefe que reconhece a própria autoridade e a responsabilidade que ela traz. Infelizmente, gerentes dedicados são raros. Muitos se esforçam para melhorar. Alguns nem se dão o trabalho de tentar. A maioria dos chefes deixa tudo correr tão solto que, basicamente, não gerencia, a não ser que não tenha escapatória.

Por que isso acontece?

Está ficando mais difícil gerenciar pessoas

Sempre foi difícil gerenciar. Os gerentes estão o tempo todo no fogo cruzado entre empregador e empregado, tentando conciliar suas necessidades e expectativas conflitantes. A maioria dos gerentes, assim como a maioria das pessoas em geral, faz de tudo para fugir de conflitos. Um dos legados do trabalho nos moldes antigos (quando predominavam os mitos do pós-guerra sobre cumprir obrigações e subir os degraus para obter segurança no emprego) é essa mentalidade de liderança que deixa tudo correr solto e se baseia na noção de que o funcionário tem que "se virar sozinho". No modelo hierárquico antigo, de longo prazo (com organograma em forma de pirâmide), os subordinados aceitavam sem questionar a autoridade de seus superiores. Em consequência, era mais provável que cometessem muitos erros na tentativa de descobrir por conta própria o que fazer. Mas, naquela época, havia mais espaço para desperdício e ineficiência. Agora não há.

Hoje é muito mais complicado gerenciar pessoas. O mundo se encontra totalmente interconectado, a competição é acirrada, o conhecimento é fundamental e tudo está globalizado. Os mercados são caóticos, as necessidades de recursos são imprevisíveis e os empregadores precisam acompanhar as mudanças. Por isso, eles devem ser ágeis e flexíveis para poder sobreviver, e seus funcionários têm que se mostrar cada vez mais agressivos para cuidar de si mesmos e de sua família.

Os trabalhadores estão menos propensos a confiar no "sistema" ou a acreditar que a organização irá cuidar sempre deles e, portanto, menos inclinados a fazer sacrifícios hoje em troca da promessa de recompensa num futuro distante. Discordam abertamente da missão da empresa, das políticas e decisões dos empregadores e questionam as condições de trabalho e o pacote de benefícios. Como resultado de todas essas transformações, a maioria é muito menos obediente às regras da empresa e às instruções dos supervisores.

As fontes tradicionais de onde emanava a autoridade também estão sendo substituídas em ritmo constante. Experiência, idade, posição e práticas estabelecidas perdem a força. O organograma está mais horizontal e camadas de gerência são eliminadas. As relações de chefia são mais transitórias e mais funcionários são gerenciados por líderes de projetos de curta duração, em vez de gerentes com lugar fixo na hierarquia da empresa. As fontes de autoridade em ascensão são formas mais baseadas em trocas, como controle de recursos, de recompensas e das condições de trabalho. Os funcionários recorrem aos supervisores imediatos para ter suas necessidades e expectativas básicas atendidas e fazem livremente exigências aos gerentes. Os gerentes que não conseguem atender essas demandas perdem autoridade aos olhos de seus subordinados.

Enquanto isso, a maioria dos funcionários, como todo mundo, tem mais tarefas e responsabilidades, além de mais obrigações administrativas. Mesmo assim, a abrangência do controle gerencial – o número de pessoas que se reporta a cada supervisor – é maior. E mais gerentes têm funcionários trabalhando em locais afastados.

Vistas no conjunto, as mudanças no local de trabalho ocasionaram uma alteração fundamental nas normas e nos valores que afetam a essência da relação empregador-empregado. O problema é que muitos gerentes continuam evitando o conflito. A maior parte ainda carece de preparo para a liderança e recebe pouco treinamento acerca das táticas básicas de uma supervisão eficaz. E o legado dos líderes da maioria das empresas, grandes e pequenas, continua sendo deixar tudo correr solto: "A missão é esta aqui... Dê seu jeito. Espere até que o notemos. Você vai ficar sabendo se fizer algo errado e o sistema irá recompensá-lo do mesmo modo que recompensa todo mundo."

O gerenciamento tem seguido a direção errada

Está na hora de o pensamento gerencial dominante, que privilegia a não intervenção, mudar de rumo. Faz muito tempo que livros e treinamentos sobre gerenciamento têm seguido a direção errada.

Desde *O gerente-minuto*, de Kenneth Blanchard e Spencer Johnson, a maioria dos pensadores do gerenciamento vem tentando vender soluções fáceis para o grande desafio que é liderar pessoas e dar poder a elas. Em parte, os autores acertaram: afinal, o que é "definir metas" senão esclarecer as expectativas? O que é "elogiar" senão destacar as pessoas por meio de uma recompensa especial? O que é "repreender" senão apontar as falhas e tomar providências corretivas? Mas Blanchard e Johnson também erraram: gerenciar exige bem mais do que um minuto.

Do mesmo modo, vamos tomar como exemplo o livro de Marcus Buckingham, *Primeiro quebre todas as regras*. O que torna esse livro tão extraordinário é seu foco intenso no papel do chefe. O problema de Buckingham e da maioria dos autores desse gênero é insistir ingenuamente que os funcionários têm seu melhor desempenho quando estão livres para gerenciar a si mesmos. Eles argumentam que a melhor forma de fazer a pessoa "vestir a camisa" da empresa é designar-lhe tarefas que a agradem e elogiá-la bastante. O que nos leva a outra questão: quem vai fazer o trabalho que ninguém quer fazer?

A recente disseminação do uso da expressão "vestir a camisa" é apenas uma forma diferente de exprimir o conceito, raramente compreendido, de "empowerment", ou "delegação de poder". A delegação de poder tem sido objeto de enorme confusão desde que Douglas McGregor apresentou as teorias X e Y. A teoria X diz que os trabalhadores mais motivados são aqueles cujo estímulo é externo, como o medo, a coerção e prêmios tangíveis. A teoria Y diz que os trabalhadores mais motivados são aqueles cujo estímulo é interno, como o desejo, a convicção e a busca por autorrealização. Quase todas as pesquisas relevantes indicam que as pessoas, de fato, são motivadas tanto por fatores internos *quanto* externos. No entanto, a teoria Y se mantém na base da literatura da delegação de poder há várias décadas, e quase não se fala da teoria X. O resultado é que a "falsa delegação de poder" se tornou a abordagem dominante no pensamento, nos livros e nos treinamentos gerenciais.

De acordo com a "falsa delegação de poder", os gerentes não devem exercer marcação cerrada sobre os funcionários e não devem, em hipótese alguma, focar as falhas deles. Precisam ser tratados de tal forma que se sintam "donos" do próprio trabalho e livres para tomar as próprias decisões. Os gerentes são meros facilitadores, que estão ali para conciliar os talentos e os desejos naturais dos subordinados com suas funções correspondentes no trabalho. Os gerentes não deveriam dizer às pessoas como o trabalho deve ser feito, mas deixá-las criar seus próprios métodos. A ideia é: faça os funcionários se sentirem bem consigo mesmos e os bons resultados virão como consequência.

Essa abordagem da falsa delegação de poder se encaixa em outras tendências sociais e culturais de alcance mais amplo que se afastam da ideia de hierarquia no ambiente profissional. Nós contestamos a autoridade no trabalho, na família e em todos os lugares. A utopia de que "ninguém precisa estar no comando" fica subentendida nesse discurso.

Mas temos que encarar os fatos. Alguém *está* no comando e os subordinados serão "chamados à responsabilidade". Eles não têm o "poder" de fazer as coisas do modo deles no trabalho. Não têm liberdade para ignorar tarefas que lhes desagradam nem para fazer o que querem. Na verdade, os funcionários só têm liberdade para tomar decisões próprias dentro de diretrizes e parâmetros definidos, que são estipulados por terceiros de acordo com a lógica da tarefa em questão. Responsabilidade sem direcionamento e apoio suficientes não é poder. É apenas negligência.

O fato de a falsa delegação de poder simplesmente não funcionar fica evidente quando vemos as empresas inventarem uma estratégia após a outra para obrigar os gerentes a liderarem com pulso mais forte ou para de algum modo se esquivarem do aspecto gerencial da liderança.

Muitos líderes me dizem que esperam resolver o problema do gerenciamento usando a tecnologia: "Computador não discute, não se queixa nem faz exigências!" Outros me dizem que a saída é a terceirização e a imigração: "Trabalhadores de culturas mais tradicionais ainda abraçam a antiga ética de trabalho." Existem limites óbvios para soluções via tecnologia, imigração e terceirização, mas essas estratégias fazem sucesso porque são esforços para contornar o desafio aparentemente insuperável de fazer com que os gerentes gerenciem de fato seus subordinados.

E, é claro, trata-se apenas da ponta do iceberg. Quais são as três principais tendências do gerenciamento de capital humano atualmente? A nova versão do gerenciamento baseado em objetivos, as avaliações obrigatórias e a remuneração vinculada ao desempenho.

Nova versão do "gerenciamento baseado em objetivos".
Hoje os gerentes de todos os níveis têm que cumprir objetivos (números) relativos a cada aspecto de suas operações. A intenção, muito louvável, é focar resultados concretos e mensuráveis. O problema é que, via de regra, os números acabam deflagrando repetidas repreensões (ou elogios), mas o que é mensurado muitas vezes não tem ligação direta com ações que o funcionário podia controlar. Sem orientações passo a passo comunicadas com clareza, esses objetivos representam muitas vezes pouco mais que meros desejos.

Avaliações obrigatórias. Como a maioria dos gerentes reluta em fazer distinções entre os subordinados e em apontá-los individualmente em casos de repreensão ou recompensa, muitas empresas estão adotando alguma forma de avaliação obrigatória anual. Essa prática exige que os gerentes façam avaliações sinceras de cada funcionário de acordo com uma rígida distribuição de notas e ficou famosa graças a Jack Welch, que foi CEO da GE por cerca de 20 anos. No entanto, embora avaliação e diferenciação sejam essenciais, temos aí um exercício anual de suposições, a não ser que os gerentes estejam monitorando, avaliando e documentando os desempenhos de forma contínua. Uma vez por ano não é suficiente.

Remuneração vinculada ao desempenho. Esta é a tendência mais forte no quesito remuneração: diminuir a parte fixa do salário do funcionário e aumentar a parte que depende do desempenho. Sou a favor da ideia de que desempenhos diferenciados merecem recompensas diferenciadas. Acredito que exista uma relação direta entre o que pagamos por um trabalho e o que recebemos em troca. O problema é que essa forma de remuneração só funciona quando os gerentes deixam claro para cada funcionário exatamente o que ele precisa fazer (que ações concretas estão ao seu alcance) para ganhar mais e o que pode levá-lo a ganhar menos. Em seguida, o gerente precisa monitorar, avaliar e documentar o desempenho real (as ações concretas) de cada pessoa de forma continuada. Quando os gerentes não fazem esse trabalho crucial, prêmios diferenciados são concedidos, mas a relação entre o prêmio e o rendimento individual não fica clara. Com isso, o sistema passa a ideia de ser volúvel e injusto. Já me cansei de ver iniciativas desse tipo resultarem na destruição do moral dos funcionários porque os gerentes deixaram de fazer o trabalho preliminar necessário.

Essas são três das tendências de gerenciamento que estão se desenvolvendo de forma mais rápida. Elas são fundamentais para o novo ambiente de trabalho de alta pressão no qual um excelente desempenho é a única opção aceitável. Mas temos aí um problema semelhante a "botar o carro na frente dos bois". Cada uma dessas estratégias foi pensada para compensar o fato de os gerentes não manterem pulso firme. No entanto, para terem êxito, os gerentes precisam ser objetivos e rigorosos.

Outra tática comum para fugir do gerenciamento é acertar nas contratações de maneira a não ter que gerenciar. Existem vários sistemas de contratação que oferecem testes sofisticados e modelos de entrevistas com o objetivo de eliminar os candidatos que não tenham um alto desempenho. Acredito na utilidade de bons sistemas de contratação, mas não se pode empregar um número ilimitado de "estrelas". Além disso, até mesmo as estrelas precisam ser gerenciadas.

Moral da história: não existe forma de contornar e evitar essa parte da liderança chamada gerenciamento. Todo líder precisa assumir a responsabilidade pelo seu pessoal: dar ordens, monitorar o desempenho, corrigir falhas e recompensar bons resultados.

Por que os gerentes não gerenciam

Infelizmente a maioria dos gerentes não tem pulso firme quando se trata de gerenciar – nem realiza sequer as tarefas básicas. Por quê?

Vamos voltar ao gerente daquela locadora de vídeo do início deste livro. Se entrevistássemos um profissional como aquele, como faço o tempo inteiro em minhas pesquisas, ele diria algo parecido com: "Olha, tenho minhas próprias tarefas a cumprir. Não tenho tempo para pegar cada funcionário pela mão. E nem deveria fazer isso. Trabalhei na função deles por dois anos e ninguém precisou me dizer o que fazer. Eu simplesmente fazia. Foi assim que fui promovido a gerente. Procuro interferir apenas quando algo dá errado. Se eu começasse de repente a dar ordens para as pessoas, elas iriam achar que me transformei num grande cretino. Diriam: 'Não me diga como devo fazer meu trabalho... não é justo... a culpa não é minha.' Mary ficaria brava, discutiria e apresentaria desculpas. Joe começaria a chorar. Sam cruzaria os braços, escutaria impassível até eu parar de falar e depois voltaria para o que estivesse fazendo antes. Chris concordaria com tudo o que eu dissesse – diria 'sim' até eu calar a matraca. Talvez eu acabasse dispensando Mary, e Joe pedisse demissão. Acho que não sou mesmo um líder nato. Adoro trabalhar no comércio, mas não sou muito bom em gerenciar. Provavelmente minha intervenção causaria mais problemas do que resolveria. E é bem provável que meu chefe ficaria bravo por eu não ter deixado as coisas como estavam."

Esse sujeito vive um dilema que é partilhado pelos líderes e gerentes de todos os lugares por que já passei. Pergunto a eles todo santo dia por que não mantêm um pulso firme na hora de gerenciar. Quase sempre encontro as mesmas razões – ou os sete maiores mitos do mundo do trabalho.

1. O mito da delegação de poder: delegar poder é deixar as pessoas se virarem sozinhas e permitir que gerenciem a si mesmas.
Qual é a realidade? Quase todo mundo tem um desempenho melhor quando recebe mais orientação, instruções e apoio de alguém mais experiente.

Então, por que os gerentes duvidam do próprio instinto, que lhes diz para manter as rédeas curtas? Porque foram bombardeados com os chavões da falsa delegação de poder.

O curioso é que a maioria dos casos confundidos com microgerenciamento acaba se revelando subgerenciamento disfarçado. Mostrarei como isso acontece.

Caso número 1. O funcionário precisa consultar o gerente a cada etapa de um processo para tomar decisões bastante elementares ou executar ações muito simples. Trata-se de um caso de microgerenciamento? Não. Se um profissional não é capaz de tomar decisões básicas por conta própria, isso quase sempre se deve ao fato de não ter sido previamente orientado pelo gerente. Alguém precisa dizer a ele: "Se acontecer A, faça

B. Se acontecer C, faça D. Se acontecer E, faça F." É assim que se prepara um funcionário para tomar decisões e agir corretamente. Alguém precisa dizer a ele exatamente o que fazer e como fazer; se certificar de que ele entendeu como deve realizar suas tarefas e cumprir com suas responsabilidades; e fornecer a ele as ferramentas e as técnicas que a função exige. E esse alguém é o gerente.

Caso número 2. O funcionário toma decisões sem consultar o gerente. Quando o gerente toma conhecimento disso, o funcionário se vê em apuros. Ele se deu mal por ter tido iniciativa? Sim. Microgerenciamento? Não. Se um profissional não sabe onde começa e onde termina sua liberdade para tomar decisões, a culpa é do gerente, que não deixou claro para ele quais são os parâmetros e as diretrizes a serem seguidos.

Caso número 3. O gerente se mete nas tarefas do funcionário, ou o funcionário se mete nas tarefas do gerente – no final, é impossível distinguir as tarefas de um e de outro. Isso não é microgerenciamento? Não. Trata-se de uma falha na delegação de tarefas. Alguns trabalhos são difíceis de delegar, mas se o trabalho não pode ser passado de forma adequada, cabe ao gerente encontrar um outro caminho e agir de maneira apropriada. Alguém precisa deixar bem claro quais tarefas cabem ao funcionário e quais cabem ao gerente. Alguém precisa dizer, desde o princípio, exatamente o que precisa ser feito, onde, quando e de que modo. E esse alguém é o gerente.

Todos esses casos, tantas vezes confundidos com "microgerenciamento", acabam se revelando casos de subgerenciamento. É por isso que chamo atenção para o fato de que o microgerenciamento induz ao erro. Aliás, será que existe mesmo isso que chamamos de "microgerenciamento"? É claro, alguns gerentes às vezes exageram, mas a maior parte faz menos do que deveria. O verdadeiro microgerenciamento, se ele existe, é muito raro.

Vejamos as atribuições do gerenciamento: delegar poder adequadamente para que cada funcionário saiba que tarefas lhe cabem, deixar bastante claro o que recai sob a autoridade dele e o que está fora de sua alçada e equipá-lo com as ferramentas e as técnicas exigidas pela função. Isso não é microgerenciar, é gerenciar.

Como deve ser a verdadeira delegação de poder? Se você quer realmente dar poder aos seus funcionários, basta definir o âmbito sobre o qual eles têm autoridade. Isso requer metas devidamente determinadas, com diretrizes nítidas e prazos concretos. A parte trabalhosa da liderança, do gerenciamento e da supervisão é fazer a ponte entre cada subordinado e os padrões e expectativas apropriados – o que fazer e como fazê-lo. Dentro dos parâmetros claramente estabelecidos, um subordinado direto tem poder. Esse poder é limitado? Sim, mas trata-se de um poder real.

2. O mito da justiça: ser justo é tratar todo mundo da mesma maneira.

De onde surgiu esse mito? Em primeiro lugar, a aversão do RH e do departamento jurídico a todo e qualquer risco de conflitos ou litígios resultou na crença de que um tratamento diferenciado entre os funcionários é "contra as regras". Em segundo lugar, isso está intimamente ligado à noção de "politicamente correto", que faz com que tanta gente se autocensure ante qualquer menção às diferenças entre as pessoas – mesmo as diferenças visíveis relativas ao mérito individual. Em terceiro lugar, temos os clássicos equívocos provenientes da psicologia humanista e da teoria do desenvolvimento humano, segundo as quais, em resumo, somos todos vencedores. A tese básica é a seguinte: já que todos têm seu valor, deveríamos tratar todas as pessoas do mesmo modo.

A verdade é que não somos todos vencedores, como qualquer um de seus funcionários pode lhe confirmar. Tratar todo mundo da mesma maneira, sem levar em conta o modo como cada um se sai, é totalmente injusto.

Desde o início dos anos 1990, o que se entende por autoaperfeiçoamento vem abandonando o sentido de "melhora de si mesmo" e se tornando um "sentir-se bem consigo mesmo" – havendo ou não melhora. A ironia é que o verdadeiro desenvolvimento humano acontece quando avaliamos o desempenho das pessoas de forma honesta e procuramos ajudá-las a se aprimorarem para que possam ganhar as recompensas que desejam. O suposto bem-estar e a suposta igualdade tornam-se mais uma desculpa para os gerentes deixarem de monitorar e avaliar o desempenho e de informar aos funcionários quando estes fazem algo errado, o que acaba impedindo o seu progresso. Se os gerentes chegam a apontar as falhas para seus subordinados, é comum enfrentarem resistências ou um sentimentalismo exacerbado: "A culpa não é minha. Pare de pegar no meu pé." É nesse momento que muitos gerentes voltam ao estado de inação.

Ainda pior, por se esconder atrás de uma falsa justiça, a maioria dos gerentes é incapaz de dar prêmios complementares aos funcionários (ou não deseja fazê-lo) quando estes realizam um trabalho extraordinário. Conheço muitos gerentes que chegam a dizer para os subordinados: "Agradeço imensamente seu esforço extra, mas não posso fazer nada de especial por você. Se fizesse algo, teria que fazer por todo mundo." É claro que não se pode fazer tudo por todo mundo, por isso a maioria dos gerentes escolhe a saída mais fácil, que é não premiar ninguém em especial. Resultado: quem tem um desempenho baixo ou medíocre goza as mesmas recompensas dadas a quem tem um excelente rendimento. Os recursos para premiar a competência, que já costumam ser bem escassos, acabam sendo ainda mais diluídos na tentativa de distribuí-los por igual. Quem tem um resultado extraordinário fica cada vez mais frustrado e irritado. Conclusão: os gerentes deixam de oferecer a seus melhores funcionários a flexibilidade de que precisam para continuar a trabalhar com dedicação e presteza, e privam a si mesmos de uma ferramenta fundamental para a motivação.

O que é justo de fato? Fazer mais por algumas pessoas e menos por outras, com base no que elas merecem – com base em seu desempenho.

3. O mito do cara legal: o único jeito de ser firme é agir como um cretino, mas eu quero ser um "cara legal".
Muitos gerentes agem como cretinos, o que não significa que sejam fortes.

Qual é a verdade? Gerentes realmente "legais" fazem o que for necessário para ajudar os funcionários a terem êxito, de forma que possam prestar um ótimo serviço ao cliente e fazer jus a mais gratificações.

Por que às vezes os chefes agem como cretinos? Algumas pessoas adoram estar no topo – isso afaga o ego delas, faz com que se sintam importantes e lhes dá a chance de mandar nos outros.

Alguns chefes são cretinos por pura negligência: na verdade, não sabem o que está acontecendo, mas tomam decisões importantes assim mesmo. São os cretinos que só dão feedback aos funcionários sobre seu desempenho quando estes fazem algo muito errado, e então aplicam penas severas. São os cretinos que usam sua autoridade de chefe de todas as formas erradas, nas horas erradas, sem jamais se dar o trabalho mais árduo de gerenciar as pessoas.

E existe o fenômeno bastante comum do "complexo do falso cara legal". O gerente que é um "falso cara legal" se recusa a tomar decisões, dar ordens e cobrar responsabilidades. Diz a si mesmo que age assim porque não quer ser um "cretino" ou porque deseja ser "legal". Convence a si mesmo de que, por algum motivo, *não* é bom ser chefe. A autoridade de uma pessoa sobre outra lhe parece algo ofensivo. Esse é outro mal-entendido que nasce do impulso igualitário: todas as pessoas são iguais no Universo, e, portanto, uma pessoa não deveria afirmar sua superioridade sobre outra nem querer sua obediência em nenhum relacionamento. Que lindo.

Será mesmo? Então por que você entra num restaurante e dá ordens ao garçom? Porque você está pagando o restaurante para receber atendimento e comida. O garçom, por sua vez, está sendo pago. Sem ressentimentos. Trata-se de uma relação de troca. Do mesmo modo, sua autoridade como chefe no trabalho não exige que você reclame alguma superioridade ao cosmos. A relação entre chefe e subordinado é de troca, exatamente como a relação com um cliente. Aqueles que você gerencia estão sendo pagos para fazer o trabalho. Essa é a origem da sua autoridade. Sem ressentimentos.

O irônico é que os falsos caras legais costumam abrandar tanto a sua autoridade que as coisas acabam dando errado. Como consequência, ficam frustrados e irritados e podem agir como cretinos, sendo arbitrários, inconvenientes, grosseiros, mesquinhos e até agressivos. A diferença é que os falsos caras legais tendem a se sentirem terrivelmente culpados depois de agirem assim. E o que fazem? Voltam a amolecer, sem jamais se darem conta de que entraram num círculo vicioso.

Estão sendo realmente gerentes "legais" quando deixam de dar a orientação, o apoio e o treinamento de que os funcionários necessitam para ser competentes?

Na verdade, estão apenas livrando a própria cara, evitando a desconfortável tensão de estar no meio do fogo cruzado entre a diretoria e a linha de frente – de ser aquele que precisa conciliar as necessidades e os desejos conflitantes de empregador e empregado. Recusam-se a assumir a responsabilidade por sua autoridade, e as consequências concretas disso não são nem um pouco legais: pode haver problemas, às vezes alguns bem complicados. Quando estes não são atacados, se transformam em desastres que prejudicam ou até põem fim a uma carreira. Nada legal. A melhor forma de evitar ser um cretino é assumir sua autoridade legítima e ficar à vontade para aplicá-la.

4. O mito da conversa difícil: não interferir é a melhor forma de evitar confrontos com os funcionários.
Para a maioria dos gerentes, o momento mais desconfortável e delicado do gerenciamento é quando são obrigados a ter uma conversa daquelas bem difíceis com os funcionários sobre determinado problema. Acreditam que ser um gerente forte exige ou até mesmo gera esses confrontos, ao passo que ser um gerente fraco lhes permite evitá-los.

A verdade é que ser um gerente fraco torna esses confrontos inevitáveis, ao passo que com um gerente forte eles raramente ocorrerão e, quando ocorrerem, não serão sequer desconfortáveis.

Um de meus principais objetivos no treinamento de gerentes é ajudá-los a superar o medo de atrito com seus subordinados. Nossa pesquisa mostra que a razão primordial pela qual tantas conversas com os gerentes são difíceis é exatamente o fato de serem tão raras. Quando as conversas com a gerência acontecem apenas em ocasiões especiais, é óbvio que tendem a ser bastante complicadas. Por quê?

- Nem o gerente nem o funcionário têm experiência nessas conversas, portanto nenhum dos dois é muito bom nisso.
- O gerente nunca deixou suas expectativas claras, logo a conversa se torna uma grande e desagradável surpresa para o subordinado.
- Essas conversas normalmente acontecem quando um problema não pode mais ser evitado, de modo que é bem provável que os ânimos se exaltem. Além disso, resolver um problema depois que é fato consumado é muito mais difícil do que evitá-lo.
- Como o gerente não está por dentro do que acontece à sua volta, não costuma conhecer todos os dados e, assim, se sente menos seguro do seu ponto de vista, tendo menos elementos para elaborar seu argumento e responder aos contra-argumentos do funcionário.

Se você não recorrer a essas conversas periódicas, sua mudança brusca de comportamento vai parecer um ataque de nervos. Digamos que finalmente você resolva assumir uma posição firme a respeito de um ou mais problemas que acabou deixando correrem soltos. Convoca uma reunião de equipe e declara: "Vocês precisam chegar na hora e tirar menos tempo de almoço, e desta vez estou falando sério. E, a propósito, acabou o bate-papo no escritório. Quero todo mundo concentrado no trabalho!" Depois você pede que um funcionário-problema, que o vem deixando louco, o acompanhe até sua sala e diz a ele que é melhor tomar jeito, ou, melhor ainda, que ele está despedido. Nesse dia, você vai para casa pensando: "Hoje eu gerenciei!" No dia seguinte, porém, chega ao trabalho e retoma seu modo normal de não intervenção.

Se a sua ideia de assumir o comando é deixar de ser o "cara legal" e se transformar num "cara durão" de repente, há uma boa chance de que vá *parecer* um cretino. Além disso, é provável que as pessoas não o levem a sério. Elas podem duvidar de que você vá fazer valerem as novas diretrizes ou achar que acabará relaxando e se esquecendo daquilo tudo. Talvez você não se saia nada bem nesses confrontos e eles não surtam efeito; talvez as pessoas resistam e você desmorone. Talvez fiquem aborrecidas ou zombando ou deixem de gostar de você. O processo todo será incômodo, desagradável e penoso – e, depois de tudo isso, é possível que o seu esforço de assumir o comando nem dê resultado.

Assumir o comando de modo significativo e duradouro é muito parecido com entrar em forma fisicamente. Trata-se de um processo longo e tedioso e exige mudanças fundamentais no seu comportamento para que se tornem novos hábitos. Não existem atalhos, e leva tempo para os resultados aparecerem. Você ainda terá algumas conversas difíceis e até mesmo alguns confrontos, porém em menor quantidade, e apenas quando necessário. É preciso coragem para assumir o comando e ser um gerente forte, mas, provavelmente, não pelas razões que você imagina.

Não tenha medo do confronto. Esteja preparado para uma longa, lenta e tediosa transição que, de agora em diante, irá mudar de forma radical seus hábitos, seu papel e seu relacionamento no trabalho. Se você não consegue reunir essa coragem, então não deve ser o chefe.

5. O mito dos entraves burocráticos: o gerente não pode ser forte porque existem muitos fatores fora do seu controle – burocracia, cultura corporativa, seus superiores, limitação de recursos.
Todos os dias, ouço gerentes dizerem que, apesar de seus melhores esforços, as regras e a burocracia os deixam de mãos ata-

das. Aliás, alguns veem nessa dificuldade uma desculpa para não gerenciar. E, quase sempre, bem ao lado deles, na mesmíssima empresa, com regras e burocracia idênticas, há diversos gerentes que encontram formas de contornar esses entraves. É difícil, mas fazem isso assim mesmo, simplesmente porque é o trabalho deles.

Como se adaptar a esses obstáculos? Como contorná-los?

Sou formado em Direito, portanto, posso dizer como os advogados lidam com esses aspectos. Eles aprendem tudo o que podem a respeito das regras e da burocracia. Em seguida, trabalham de acordo com elas.

Você tem medo de ser processado? Há muitas razões inadmissíveis para fazer distinções entre funcionários, mas o desempenho não é uma delas. Desde que você possa demonstrar que todo prêmio ou penalidade se baseia somente no desempenho profissional, não há base para que se alegue discriminação. Encontre um aliado que possa ajudá-lo a conhecer as regras e a trabalhar de acordo com elas: alguém do RH, do departamento jurídico, do sindicato... ou seu chefe.

É claro que há coisas que você *não* pode fazer. Não se arrisque. Se fizer, terá problemas. Muitas vezes, porém, haverá coisas que você não tinha percebido que poderia fazer, bastando aprender *como* fazê-las. Não dá para remover todo obstáculo, mas existem inúmeras pequenas soluções que fazem muita diferença.

O mito é acreditar que são os fatores além do seu controle que o deixam de mãos atadas.

Qual é a verdade? Focar apenas o que não podemos controlar enfraquece até a pessoa mais poderosa do mundo, ao passo que focar intensamente o que você pode controlar – excluindo tudo o que não pode – o deixa mais forte.

O fato é que existem muitas coisas sob o seu controle: você, sua coragem, sua habilidade, seus hábitos, seu tempo. Você não precisa da permissão de ninguém para ser forte. Não precisa da permissão de ninguém para conversar mais frequentemente com seus funcionários sobre o serviço que cada um está prestando. Não precisa de permissão para preparar as pessoas para fazerem um bom trabalho, deixar as expectativas bastante claras a cada etapa do processo e definir com exatidão metas, diretrizes e prazos. Não precisa de permissão para monitorar, avaliar e documentar o desempenho. Não precisa de permissão para detectar de imediato os pequenos problemas e resolvê-los antes que cresçam. Não precisa de permissão para direcionar mais recompensas para as pessoas que fazem um trabalho acima da média.

6. O mito do líder nato: não tenho talento para gerenciar.

A tese aqui afirma que algumas pessoas são líderes natos e, portanto, são os melhores gerentes, ao passo que outras não têm o dom da liderança e estão destinadas a ser gerentes de segunda classe.

Qual é a verdade? Muitos líderes natos não são gerentes maravilhosos. Os melhores gerentes são aqueles que aprendem e aplicam técnicas comprovadas até que se tornem uma aptidão e continuam praticando até virarem hábito.

Existe o que se chama de capacidade inata de liderança? Claro que sim. Algumas pessoas são visionárias, carismáticas, articuladas, cheias de ideias e possuem uma energia fora do comum. São aquelas capazes de motivar e inspirar. Os outros querem segui-las. Mas isso não faz delas, necessariamente, bons gerentes. O mais frequente é esses grandes líderes terem sucesso por serem espertos o suficiente para contratar ótimos gerentes e deixar que estes se encarreguem dessa parte crucial da liderança que é o gerenciamento. Aliás, ouço muitos relatos de como o líder nato costuma irromper feito um furacão no ambiente de trabalho, distraindo os funcionários, deixando-os extasiados, dando tapinhas nas costas de todos, tomando decisões aleatórias, estimulando a lealdade entre as pessoas, disseminando ideias e conceitos que geram esperanças e receios... e em seguida ir embora, deixando que o gerente arrume a bagunça.

Uso o termo "gerenciamento" para destacar os aspectos mais corriqueiros, porém cruciais, da liderança: fornecer orientação e direcionamento, cobrar responsabilidades, lidar com fracassos e premiar êxitos. Esses são os elementos básicos em que os líderes de hoje muitas vezes deixam a desejar. E são os mais importantes quando se trata de obter dos funcionários um trabalho melhor e de ajudá-los a serem remunerados como merecem. Tendo treinado milhares de pessoas, aprendi que quase todo mundo pode se tornar um gerente muito melhor.

7. O mito do tempo: não há tempo suficiente para gerenciar pessoas.

Esse mito surge do fato de existirem apenas 168 horas numa semana e zilhões de exigências a cumprir – nossas próprias tarefas, responsabilidades e projetos, além das obrigações de gerenciamento.

A verdade é que, uma vez que nosso tempo é tão limitado, definitivamente não há tempo para *não* gerenciar pessoas. Os gerentes que tentam evitar a qualquer custo gastar seu tempo no gerenciamento sempre gastam muito mais dele gerenciando de qualquer maneira no final. Isso acontece porque, quando um gerente evita se dedicar de antemão para se certificar de que as coisas andarão bem, as coisas sempre andam mal. Pequenos problemas vão se acumulando e, muitas vezes, ficam tão grandes que já não podem mais ser ignorados. A essa altura, o gerente não tem outra escolha senão correr atrás de cada problema e resolvê-lo. Quando há uma crise, é quase certo que ele fique feito barata tonta eliminando transtornos, tentando assumir o controle sobre grandes problemas que deveriam ter sido resolvidos com facilidade quando ainda eram pequenos, procurando repor recursos desperdiçados, lidando com dificuldades de desempenho existentes há muito, sentindo-se ainda mais pressionado pelo fator tempo. Isso significa que é provável que ele volte a evitar gerenciar pessoas e só se dedique novamente ao gerenciamento quando surgir outro grande problema para identificar e resolver.

Lembre-se de que a parte do seu dia que você gasta gerenciando representa um tempo muito bem aproveitado. Ao gerenciar, você ativa a capacidade produtiva das pessoas sob seu comando. Quinze minutos de conversa com um funcionário são suficientes para que ele se comprometa com horas, ou até dias, de alta produtividade.

Se você aplicar com inteligência o seu tempo de gerenciamento e atentar para os fatores básicos a cada etapa do processo, o tempo que realmente gastar gerenciando será muito mais eficaz. Os resultados surgirão de imediato. Logo as coisas começarão a melhorar e você receberá de volta esse tempo investido.

A espinhosa realidade do gerenciamento de pessoas

Sei que, para a maioria das pessoas, pôr efetivamente a mão na massa exige uma mudança profunda na ideia que fazemos a respeito do papel do gerente e do relacionamento gerencial. Muitos participantes dos meus seminários me dizem: "Ninguém jamais me disse isso. Sinto como se você estivesse me

dando permissão para gerenciar, permissão para ser o chefe."
Também ouço de muitos outros o seguinte: "Isso é senso comum. É o básico. Gerentes precisam gerenciar, simples assim. Onde estávamos com a cabeça?" Grande parte do que digo faz mesmo parte do senso comum. Gerentes precisam gerenciar.

O curioso é que cerca da metade dos participantes de meus seminários diz exatamente o oposto (pelo menos no início): "Você deve estar maluco. Isso contradiz tudo o que li sobre gerenciamento e aprendi em outros treinamentos." E eles estão certos. Pouquíssimas pessoas por aí estão dizendo o mesmo que eu.

Gerenciar pessoas no mundo real é muito, muito difícil, e não existem soluções simples. Sei que a maioria dos gerentes vive sob forte pressão. Eles assumem posições de supervisão porque são muito bons em alguma coisa, mas *não*, em geral, por serem especialmente bons em gerenciar pessoas. Uma vez promovida, a maioria dos novos gerentes recebe muito pouco treinamento efetivo de gerenciamento. E as instruções e os livros que eles chegam a receber estão saturados da ideia da falsa delegação de poder, sendo raros os que abordam a realidade "espinhosa" do gerenciamento:

- Nem sempre é possível contratar "estrelas". Você deve contratar o melhor profissional disponível, e muitas vezes essa pessoa está no meio da escala, e não no topo.
- Gerenciar uma estrela pode ser ainda mais difícil do que gerenciar alguém mediano.
- Mesmo que você deixe suas expectativas bem claras, às vezes os funcionários não correspondem a elas.
- Nem todos são vencedores. Lidar com o fracasso é parte significativa do gerenciamento.
- Não é sempre que os funcionários podem se concentrar nos seus pontos fortes, pois há muito trabalho em an-

damento e eles são contratados para fazer tudo o que precisa ser feito.
- Nem sempre os funcionários fazem jus a um elogio. E aqueles que o merecem normalmente querem prêmios tangíveis, não apenas o agrado verbal.

Em nossos seminários de treinamento, quando começo a falar sobre esse lado espinhoso da realidade, os gerentes concordam balançando a cabeça e se põem a escutar com atenção. Quando digo que não tenho nenhuma resposta fácil porque as respostas fáceis só funcionam no mundo da fantasia, ainda mais gente concorda. Então prometo a eles que tenho, sim, uma série de soluções difíceis que exigirão muita coragem, habilidade, tempo e disciplina para serem implementadas. É aí que percebem que eu realmente tenho algo a oferecer.

Tudo o que faço em meus seminários é ensinar gerentes frustrados a imitar o que os mais eficazes estão fazendo no dia a dia. Treinei milhares de pessoas nas técnicas básicas do gerenciamento firme, de dedicação intensa e envolvimento direto. Quase todo dia recebo feedback dos gerentes que orientei. E o que eles me trazem da linha de frente é isto: estão conseguindo mais dos funcionários e fazendo mais por eles, uma pessoa por vez, um dia de cada vez.

Não tenha medo de ser chefe – seja um gerente extraordinário!

Não tenha medo de ser chefe. Na verdade, isso é fundamental. O chefe – em qualquer nível – é a pessoa mais importante no local de trabalho. Todo mundo está sob uma pressão cada vez maior. Espera-se que os funcionários trabalhem mais depressa, mais arduamente e com mais inteligência. E eles não estão dispostos a esperar pelas recompensas de longo prazo. Contam com seu chefe imediato, mais do que com qualquer outra pessoa, para satisfazer suas necessidades e expectativas profissionais fundamentais e enfrentar todas as situações que surgem no trabalho. Querem saber: "Como as coisas funcionam aqui? O que você quer de mim? O que vou receber pelo meu esforço de hoje?" O chefe é o ponto de contato – porém bem mais que isso: no cotidiano, o chefe define a própria experiência no trabalho. Sobre isso há consenso: vários estudos apontam que o fator número um de produtividade, moral elevado e conservação de talentos é o relacionamento entre funcionários e seu chefe imediato.

Sendo assim, o que as pessoas procuram num chefe?

Profissionais de desempenho sofrível procuram por um chefe que não interfira e que trate todo mundo da mesma maneira. Preferem alguém que não saiba quem está fazendo o que, onde, por que, quando e como – um chefe mal informado que ignore problemas de desempenho. Esses funcionários querem um chefe que não lhes diga o que fazer e como fazer, que não comunique suas expectativas a cada etapa do processo. Desejam ser deixados em paz para ficarem no seu cantinho e receberem a mesma remuneração que os demais, independentemente de seu desempenho. Profissionais assim são os maiores beneficiários do subgerenciamento.

Por outro lado, profissionais de ótimo desempenho preferem um chefe que seja forte e participativo, que os conheça muito bem e saiba exatamente o que estão fazendo a cada etapa do processo. Esses profissionais querem alguém que deixe claro que eles são importantes e que seu trabalho tem valor. Preferem uma pessoa que comunique suas expectativas, que lhes ensine as melhores práticas, mostre as armadilhas, os ajude a resolver pequenos problemas antes que desandem e se avolumem, e os premie quando tiverem um desempenho extraordinário. Eles procuram um chefe que saiba se livrar dos profissionais incompetentes. Estão sempre em busca de gerentes fortes que vão prepará-los para o sucesso e ajudá-los a receber o que precisam e desejam do emprego.

E quanto à maioria dos funcionários, o grupo que está em algum ponto mediano entre os profissionais excelentes e os de desempenho sofrível? Você obterá deles exatamente o que investir neles – quase na mesma proporção da técnica, do tempo e da energia que empregar para gerenciá-los.

Se você lidar com todos da mesma maneira e não interferir, estará tratando seus funcionários como profissionais ruins. Vai subgerenciá-los de modo a fazê-los entrar numa lenta espiral descendente. E atrairá mais profissionais fracos que vão querer "trabalhar para você". Se for firme e muito participativo, estará tratando seus funcionários como profissionais de ótimo desempenho. Vai gerenciá-los de modo a fazê-los entrar numa segura espiral ascendente. E profissionais excelentes farão fila na porta da sua sala querendo uma chance de trabalhar com você.

Tudo pode ser resumido assim: que tipo de funcionário você quer que o procure? Que tipo de chefe vai ser?

Seja o chefe que diz: "Ótimas notícias: eu sou o chefe! Para mim, essa é uma responsabilidade sagrada. Vou me certificar de que tudo ande bem por aqui. Vou ajudá-los a executar seu trabalho com qualidade e rapidez. Vou prepará-los para obter sucesso em cada etapa do processo. Deixarei as expectativas bem claras. Vou ensiná-los a se planejarem e trabalharei com vocês para esclarecer metas, diretrizes e especificações. Vou ajudá-los a dividir prazos maiores em frações menores de tempo com parâmetros concretos de desempenho. Irei além dos procedimentos operacionais padrão e darei avisos úteis. Produzirei checklists e oferecerei outras ferramentas. Vou ensiná--los a acompanhar o que estão fazendo e como fazer a cada momento. Vou auxiliá-los a monitorar, avaliar e documentar seus êxitos em todas as etapas. Vou ajudá-los a resolver os problemas assim que eles se apresentarem, para que não desandem e se tornem problemas maiores. Vou mostrar como encontrar atalhos, evitar armadilhas e seguir as melhores práticas. Contem comigo."

CAPÍTULO 2

Adquira o hábito de gerenciar todos os dias

Você está trabalhando num grande projeto para o seu chefe. Está isolado em sua sala há dias tentando terminá-lo. Mas isso não é novidade. Seus funcionários sabem que você está sempre superocupado. Gerencia essa equipe – hoje com 16 pessoas – há vários anos. Eles sabem como fazer o trabalho, portanto você os deixa em paz a não ser que surja algo de novo. Infelizmente, isso sempre acontece. Hoje, uma crise o obrigou a sair esbaforido de sua sala determinado a resolvê-la depressa para poder voltar ao "trabalho de verdade". Mas a resolução do problema consumiu a maior parte do seu dia. Quando finalmente voltou para sua sala, seu trabalho já estava bem atrasado.

Se você se identificou com essa história, saiba que não está sozinho. A maioria dos gerentes vive tão ocupada com seu próprio "trabalho de verdade" que considera o gerenciamento um fardo a mais. Fogem dele como muitas pessoas fogem dos exercícios físicos. Gerenciam apenas quando são forçados a fazê-lo. Como resultado, eles e seus funcionários ficam fora de forma e problemas inesperados surgem sem parar. Quando a situação foge ao controle, esses gerentes já não podem mais evitar a responsabilidade e são obrigados a entrar em ação. A essa altura, porém, têm nas mãos uma tarefa bastante difícil: tentar correr uma maratona sem o preparo físico adequado.

Chamo este fenômeno de "gerenciamento por circunstância especial". A maioria dessas "circunstâncias especiais" são grandes problemas que precisam de solução, mas também existem outras variações: designar um novo projeto para um funcionário, comunicar uma mudança vinda de cima para a equipe ou reconhecer um êxito estrondoso. Na ausência de alguma "circunstância especial", porém, a maior parte dos gerentes simplesmente não gerencia.

A única alternativa ao gerenciamento por circunstância especial é adquirir o hábito de gerenciar todos os dias.

Primeiro gerencie diariamente a si mesmo

Se você estivesse em péssima forma física, participaria de uma maratona? Claro que não. Antes, seria uma boa ideia iniciar o treinamento com uma caminhada diária. Depois de algumas semanas, poderia andar um pouco mais rápido por uma distância maior para começar a ganhar tônus muscular. Com o tempo, começaria a fazer uma corrida leve e, finalmente, ficaria forte o suficiente para uma maratona.

Um gerenciamento eficaz se assemelha bastante à conquista da boa forma física: a parte difícil é adquirir o hábito de fazê-lo todos os dias, independentemente dos obstáculos que tenha que enfrentar. Portanto, pare de fugir da raia. Não perca de vista suas verdadeiras prioridades. Comprometa-se a fazer isso todos os dias, como se sua saúde dependesse disso.

Comece reservando uma hora por dia como um tempo sagrado para o gerenciamento. Durante essa hora, não combata incêndios. Use esse período para gerenciar com antecedência, antes que qualquer coisa dê certo, errado ou saia mais ou menos. Isso é só para você se manter em forma.

Você não tem muita experiência? É preciso começar de algum ponto.

Não gosta de gerenciar as pessoas de forma direta? Faça assim mesmo.

Acha que não tem preparo para gerenciar? Pratique, pratique e pratique até ficar bom nisso.

Vai se sentir pouco à vontade? Supere isso. Quanto mais gerenciar pessoas, mais à vontade vai se sentir.

Dar esses primeiros passos na direção de um gerenciamento eficaz exige disciplina e coragem. Só ficamos à vontade com novos comportamentos, por mais saudáveis que sejam, quando eles se tornam hábitos. Sentiremos falta de nossos velhos costumes, do nosso antigo papel no trabalho e do relacionamento com nossos funcionários. O período de transição será difícil e doloroso. Mas, se você fizer tudo benfeito, valerá a pena.

Mesmo depois que você tiver desenvolvido hábitos de gerenciamento mais eficazes, continuará tendo que lidar com problemas inesperados, mas não dos tipos que poderiam ter sido evitados. E ainda vai precisar enfrentar inúmeros desafios complicados ao gerenciar os funcionários – a ocasional maratona. Mas estará em tão boa forma que será capaz de superá-los com eficiência, segurança e habilidade.

Sim, é difícil, mas funciona: bastam coragem, disciplina e uma hora todo dia.

Depois gerencie diariamente... todo mundo

Num mundo ideal, conversaríamos todo dia com todas as pessoas que nos chamam de chefe – acompanhando seu trabalho e preparando-as para o sucesso.

Alguns gerentes preferem reuniões com a equipe em vez de conversas diárias individuais, mas uma modalidade não substitui a outra. Quando você conversa com um funcionário, cara a cara, fala sobre expectativas, pede um relato do seu desempenho, repassa os resultados do trabalho dele ou dá feedback, não há como se esconder. Numa reunião de equipe, porém, é fácil se esconder – tanto para o gerente como para os subordinados a ele. Os chefes muitas vezes se sentem mais à vontade dando uma notícia delicada ou passando feedback para toda a equipe do que conversando em particular com cada um. O problema é que a notícia delicada ou o feedback muitas vezes se dirige a apenas uma ou duas pessoas. O restante da equipe fica aturdido e indignado. Justamente as pessoas que você está tentando "gerenciar" nessa equipe podem nem se dar conta de que o assunto é com elas.

Ouço muitos relatos de gerentes sobre reuniões de equipe dirigidas a determinado funcionário, que tem chegado atrasado e exagerado no tempo dos intervalos, por exemplo. Eles anunciam na reunião: "Não podemos mais chegar atrasados. E precisamos parar de fazer intervalos tão longos. Lembrem-se de que vocês têm dois intervalos de 10 minutos – e 10 minutos significam 10 minutos." A maioria dos funcionários não entende nada: "Do que ele está falando? Chego cedo todo dia e nunca faço pausas." Mas a pessoa a quem o gerente realmente se dirigia está olhando para o relógio e pensando: "Vamos lá. Acabe logo. Está na hora do meu intervalo."

Também é muito mais difícil, numa reunião de equipe, dar atenção a cada funcionário e se concentrar no trabalho de todos a ponto de extrair algo de relevante e útil. Muitas vezes, essas reuniões dão a sensação de serem mera formalidade e incluem muitas discussões sobre questões que não dizem respeito à maioria das pessoas no recinto. Por outro lado, detalhes fundamentais para um funcionário ou outro são inevitavelmente omitidos. Às vezes, as melhores coisas que saem de uma reunião de equipe são as conversas espontâneas com um ou outro funcionário que costumam acontecer à saída da reunião.

É evidente, porém, que as reuniões de equipe têm o seu lugar no bom gerenciamento. Elas são essenciais quando precisamos partilhar informações relevantes com todos os participantes. E são muitas vezes necessárias quando várias pessoas estão trabalhando de forma interdependente e seria vantajoso ficarem a par do que as outras estão fazendo, que situações surgiram em cada projeto e assim por diante. Sim, reuniões de equipe têm seu lugar. Mas não se engane: o objetivo da reunião de equipe é completamente diferente do da conversa individual.

Como gerenciar 16 ou 60 pessoas todo dia

O alcance do controle gerencial tem se expandido mais e mais, e, com isso, a maioria dos gerentes é responsável por um grande número de pessoas. Sem dúvida, isso tem contribuído para a epidemia de subgerenciamento. Diante de 16, 60 ou mais subordinados, os gerentes levam a mão à cabeça em desespero. Eles me dizem: "Como é possível conversar individualmente com cada um dos funcionários, todo santo dia, no período de uma hora?!" Em vez de fazer isso, eles se escondem em suas salas, atualizam a papelada gerencial e param por aí. Não nos surpreende que o "gerenciamento por circunstância especial" seja tão comum.

Se você se esconder na sua sala, acabará deixando um vácuo no gerenciamento diário. E vai se deparar com o que chamo de "o problema do líder de motim". Líderes de motim surgirão de improviso para preencher esse vazio. Muitas vezes, esses líderes são aqueles que reclamam de tudo mas têm uma boa relação com os outros funcionários ou possuem alguma forma de carisma. Às vezes exercem sua autoridade e influência em proveito próprio, não raro prejudicando a equipe. Dizem a um colega: "Trabalhe menos. Ou vai pegar mal para mim." Outras vezes formam panelinhas, intimidam terceiros e espalham boatos. Em geral são apenas funcionários autoiludidos, de desempenho medíocre, que acreditam ter um rendimento extraordinário. Oferecem orientação e apoio aos colegas, mas com frequência os induzem a seguir na direção errada.

Você é responsável por uma cadeia de comando?

Só para confirmar: você tem mesmo 16 ou 60 pessoas – ou seja qual for o número – se reportando diretamente a você? Ou responde por uma "cadeia de comando", ou seja, por funcionários que são gerentes, supervisores ou líderes de equipe que deveriam estar gerenciando uma parte dos demais profissionais que pertencem ao seu grupo?

Se você é responsável por uma cadeia de comando, deve cuidar dela com eficiência. Habitue-se a conversar diariamente com esses supervisores ou líderes de equipe e faça um esforço especial para ajudá-los a desempenhar o papel deles. Ensine-os a gerenciar de forma continuada e gerencie o modo como *eles* gerenciam. Assim como você se esforça para ser um ótimo chefe, eles também devem se esforçar.

Caso não tenha uma cadeia de comando, talvez deva criar uma. Embora seja preferível evitar camadas desnecessárias de gerenciamento, se você tiver 16 ou 60 pessoas, não poderá se dar ao luxo de ser o único líder da equipe. Prepare e desenvolva profissionais de ótimo desempenho que pertençam ao seu círculo mais próximo, partilhem de suas prioridades e o ajudem a manter a equipe focada no trabalho em curso. Desenvolver novos líderes, mesmo informalmente, vai ajudá-lo a ampliar sua influência: você poderá aproveitá-los como gerentes temporários de projeto e usá-los como seus substitutos quando você não estiver disponível. Mas não repasse a ninguém responsabilidades de gerenciamento, a menos que esteja preparado para dar profunda atenção a essa pessoa e acompanhar de perto o desempenho dela.

Você precisa fazer escolhas todos os dias

Independentemente de quantas pessoas estejam sob sua responsabilidade como gerente, todos os dias é preciso escolher uma forma de aplicar o tempo dedicado ao gerenciamento.

Uma gerente bastante eficaz de um hospital movimentado me ensinou esta lição simples sobre fazer escolhas: "Tenho 32 enfermeiras que respondem diretamente a mim e nenhuma cadeia de comando. Doze dessas enfermeiras trabalham em turnos diferentes dos meus e quatro trabalham em outro prédio, que fica a 30 quilômetros daqui."

O que ela faz? "Concentro-me em quatro ou cinco enfermeiras por dia. Algumas profissionais precisam de mais tempo que as outras, mas as reuniões não duram mais do que 15 minutos, e sempre ficamos de pé – eu com minha prancheta na mão para tomar notas. Preciso falar com uma ou duas enfermeiras todo dia, mas com a maioria falo apenas uma vez por semana ou a cada 15 dias. Nesse esquema, converso com todas numa frequência razoável. Ninguém fica mais do que duas semanas sem a minha atenção."

E quanto às enfermeiras que trabalham em outros turnos? "Às vezes uso o telefone ou o e-mail. Outras vezes, deixamos recados uma para a outra. Mas faço questão de me encontrar com elas em algum momento. Se uma enfermeira trabalha no turno após o meu, faço o possível para ficar depois do meu horário uma vez por semana ou peço para essa enfermeira chegar um pouquinho mais cedo para podermos conversar. Se uma enfermeira trabalha no turno antes do meu, peço que ela aguarde só mais alguns minutos depois de seu horário ou então eu chego um pouco mais cedo. Quando meu turno não vem logo antes nem logo depois do delas, passo no hospital durante o turno da enfermeira com quem preciso falar, mesmo fora do meu horário de trabalho."

E quanto às enfermeiras que trabalham em outro local? "Com cada uma das quatro que exercem suas funções no outro prédio, tenho um telefonema semanal, previamente marcado – um compromisso sagrado. Antes de ligar, mando um e-mail dizendo: 'Precisamos discutir este assunto... por favor, esteja preparada para falar de A, B, C e D durante o telefonema.' Então, telefono, converso e depois envio um e-mail de acompanhamento dizendo: 'Aqui está o que combinamos', anexando uma lista do que deve ser feito. Também faço questão de pegar o carro e encontrá-las pessoalmente uma vez ou outra. E quando estou lá não 'jogamos conversa fora'. Aproveitamos esse tempo para deixar as expectativas bem claras e reforçar o feedback que venho passando."

Algumas pessoas precisam de mais atenção que outras. Conversar com cada uma todo dia nem sempre é possível. Você tem que escolher os seus alvos. Só não cometa o erro de escolher os mesmos alvos toda vez. Distribua bem o seu tempo de gerenciamento. Alguns funcionários podem precisar mais de você do que os outros, mas todos precisam.

Desde que você oriente seus subordinados regularmente, não há motivo para deixar que as conversas de gerenciamento se tornem longas e tortuosas. O objetivo é fazer com que essas reuniões individuais virem rotina e sejam breves, diretas e simples. Depois que tiver estabelecido uma rotina com cada funcionário, 15 minutos devem bastar. Como tudo na vida, os objetivos sofrem variações. Talvez seja preciso reajustar a quantidade de tempo necessária a determinado funcionário num dia, que poderá ser diferente de outros dias, dependendo da pessoa e do trabalho que ela esteja executando.

E se as coisas não estiverem indo bem com um dos funcionários? Cogite se reunir com ele todos os dias durante um tempo. Não cometa o erro de despender horas em interrogatórios, acusações ou confissões dramáticas. Mantenha essas reuniões curtas e coerentes. Há uma grande chance de que as coisas não estejam caminhando bem com alguém porque ele não está recebendo orientação, direcionamento ou apoio suficientes. Assim que você lhe dedicar mais tempo, é provável que 90% dos problemas de desempenho desapareçam como se nunca tivessem existido.

E quanto aos profissionais de ótimo desempenho? É necessário mesmo gastar 15 minutos todos os dias ou até mesmo toda semana com alguém quando o trabalho está indo tão bem? Talvez você precise se reunir com essa pessoa apenas em semanas alternadas. Mas se não dedicar pelo menos esse tempo a um funcionário, não saberá ao certo como andam as coisas. Saberá apenas que nenhum problema surgiu na tela do radar. Portanto, quando achar que está tudo perfeito, use os 15 minutos para verificar se isso é verdade. Se for, então trabalhe com esse funcionário para ajudá-lo a melhorar ainda mais a situação, oferecer feedback positivo suficiente, providenciar o que ele precisa e se certificar de que ele está satisfeito o bastante para não pensar em deixar a empresa. Profissionais de ótimo desempenho também precisam ser gerenciados!

Você se surpreenderá com quanto é possível realizar em 15 minutos. Escolha qualquer funcionário com quem não vem falando mais detidamente há algum tempo. Passe 15 minutos perguntando sobre o trabalho dele. É bem provável que você tenha algumas surpresas. Poderá descobrir que algumas coisas precisam de ajustes e ficar extremamente feliz por ter tido essa

conversa. E procure não demorar mais do que duas semanas para ter a próxima.
Se gastar 15 minutos por reunião, fará quatro reuniões por dia. Isso dá 20 reuniões por semana, no mínimo. Aposto como isso é muito mais do que tem gerenciado ultimamente. Veja algumas dicas para você começar a agir.

- Concentre-se em quatro ou cinco pessoas por dia.
- Faça reuniões curtas, de no máximo 15 minutos.
- Cogite a possibilidade de fazer as reuniões de pé, com uma prancheta na mão (para torná-las ágeis e focadas).
- Não deixe de conversar com ninguém por mais de duas semanas.
- Se gerenciar pessoas que trabalham em outros turnos, fique até mais tarde ou chegue mais cedo para encontrá-las.
- Se gerenciar pessoas em locais distantes, comunique-se por telefone e e-mail com regularidade nos intervalos entre as reuniões individuais feitas pessoalmente.

Essas táticas podem não ser convenientes para o seu modo atual de gerenciamento. Sinto muito, mas você é o chefe. Os inconvenientes fazem parte do pacote.

Sobre o que você deve falar?

A atividade fundamental do gerenciamento é a comunicação. Converse sobre o trabalho quando as coisas estiverem indo bem, mal ou mais ou menos. Mantenha um diálogo constante com todos os subordinados: "É isto que preciso que faça por mim. O que quer que eu faça por você?"
Durante as conversas, você terá que usar como guia seu conhecimento cada vez maior de cada pessoa, de suas tarefas e

responsabilidades e da situação geral. Todo dia precisará escolher no que se concentrar e o que dizer quando estiver com determinado funcionário. Quanto mais fizer isso, mais forte e bem embasada será a sua avaliação sobre o que pode e o que não pode ser feito, que recursos são necessários, que problemas podem surgir, que expectativas são razoáveis, que metas e prazos são suficientemente ambiciosos e o que será considerado êxito ou fracasso.

Certifique-se regularmente de que não haja obstáculos no caminho dos funcionários que o impeçam de realizar um volume grande de trabalho com qualidade e rapidez. Pergunte a si mesmo: existem problemas que ainda não foram identificados? Crises que precisam ser resolvidas? Recursos a serem obtidos? Alguma instrução ou meta que não esteja clara? Aconteceu alguma coisa, desde a última vez que conversamos, que eu deva saber? Responda às perguntas dos funcionários na mesma hora. Receba informações de seus subordinados durante todo o processo. Aprenda com o que eles estão aprendendo na linha de frente. Trace estratégias com eles. Dê conselhos, apoio, motivação e, quem sabe, até um pouco de inspiração de vez em quando.

Adquira o hábito de gerenciar todos os dias

Sei que você é ocupado, que seu tempo é limitado. Você *não* tem tempo sobrando. Por isso, *não* tem tempo para *não* gerenciar.

Reserve sempre uma hora por dia para o gerenciamento – no início do dia ou em algum outro momento que seja melhor para você. Faça disso um hábito rigoroso, assim como os exercícios físicos. Dedique-se a essa hora. Faça essa caminhada diária. Os resultados aparecerão quase que de imediato. Você começará a entrar em forma. As coisas vão melhorar.

Sim, você pode ter momentos ruins, dias ruins, semanas ruins, até mesmo meses ruins. Por mais que nos esforcemos, às vezes deixamos a peteca cair. Seus funcionários vão perceber e será bastante difícil voltar a gerenciar depois de ficar algum tempo fora de combate. O que fazer quando escorregar de volta para seus antigos hábitos de subgerenciamento? Primeiro, tente retornar à boa forma o mais rápido possível.

Um dos erros que os gerentes cometem é ficar tão culpados e envergonhados depois de passar por um mau momento que acabam permanecendo de molho por muito mais tempo do que deveriam. Se você esteve fora de combate, saiu da rotina de participação direta ou está com o cronograma de reuniões atrasado, a única coisa a fazer é correr para alcançar o cronograma e voltar à rotina o mais rápido possível. Não pense que é um problema admitir para os subordinados o seu tropeço. Prometa fazer melhor.

CAPÍTULO 3

Aprenda a falar como um coach

Você passa um bom tempo conversando com seus funcionários, certo? Fala, fala, fala sem parar sobre tudo. "Como foi seu fim de semana? Como foi a festa de aniversário do seu filho? Assistiu àquele programa na TV?" Provavelmente conversa sobre assuntos pessoais para estabelecer uma relação mais próxima com eles. Mas essa abordagem acaba se infiltrando no relacionamento gerencial e, quando o assunto passa a ser trabalho, você tende a enfraquecer sua autoridade. Se precisa delegar uma tarefa difícil para um subordinado ou, ainda pior, se há um problema para resolver com ele, acontece uma repentina mudança de marcha e você começa a falar de maneira séria, enérgica e, às vezes, exaltada. Nesse momento o funcionário pode dizer: "Ei, achei que fôssemos amigos." E toda a camaradagem construída até então desce pelo ralo.

Isso é o que eu chamo de problema "o médico e o monstro". Se a construção do relacionamento com seus funcionários foi toda feita com conversas sobre assuntos pessoais, como se vocês fossem amigos, quando a conversa ficar séria – e sempre fica – você terá que adotar uma personalidade completamente diferente. Deixar de ser o cara legal e amigo e passar a ser o chefe cretino, pelo menos até que a poeira assente e você possa voltar a ser bonzinho. O problema é que o personagem amigão começará a parecer falso e o personagem chefe precisará se esforçar para conseguir legitimidade.

Converse sobre o trabalho

Se quiser ser o amigão de seus funcionários, saia para tomar uma cerveja com eles depois do trabalho. Mas *no trabalho* você precisa ser o chefe. Seu papel é manter todos concentrados e rendendo o máximo todos os dias. A melhor forma de estabelecer uma boa relação com seus subordinados é conversando sobre o trabalho. O trabalho é o que vocês têm em comum – aliás, é o motivo pelo qual vocês têm um relacionamento, para começar.

Quando você estabelece uma relação de camaradagem conversando sobre trabalho, está diminuindo a probabilidade de conflitos e, ao mesmo tempo, construindo uma conexão que sobreviverá a eles se um dia surgirem. Portanto converse sobre o trabalho que foi feito e o que precisa ser feito. Sobre como evitar armadilhas, encontrar atalhos, assegurar a disponibilidade de recursos. Sobre metas, prazos, diretrizes e especificações. Converse, converse, converse sobre trabalho. Tudo vai caminhar bem melhor.

Como os gerentes mais eficazes conversam?

Muitos gerentes se justificam: "Não sou um líder nato. Sou um _____." (Preencha a lacuna: contador, engenheiro, médico, etc.) Dizem: "Não gosto muito de gerenciar. É preciso ter muitas conversas difíceis." O que eles estão dizendo, na verdade, é que não sabem ter conversas eficientes sobre o trabalho com seus funcionários.

São raros os gerentes que possuem aquele carisma especial, a paixão e o entusiasmo contagiantes que inspiram e motivam as pessoas. E quanto aos demais? Talvez não seja possível adquirir carisma, mas é possível aprender a conversar sobre trabalho de forma direta e eficaz. Você pode aprender a dizer as palavras certas para seus subordinados, na hora certa, da maneira certa.

Os gerentes mais eficazes têm uma forma especial de falar. Adotam determinados tipos de postura, modo de agir e tom de voz. Têm uma maneira de se dirigir às pessoas que passa ao mesmo tempo autoridade e empatia; que é exigente, mas também apoia; que impõe disciplina, mas demonstra paciência. É diferente tanto do tom do amigão quanto do tom do chefão e recai praticamente no meio-termo entre os dois. Essa forma especial de falar lembra bastante um coach.

Às vezes os gerentes me dizem: "Nunca tive um coach muito bom, por isso não sei como deve soar essa voz." Posso descrevê-la para você: a voz do coach é firme, metódica e direta, entusiástica e estimulante. É o tom sempre jovial do foco, do aprimoramento e da responsabilidade. Pense no melhor chefe ou no melhor professor que você já teve na vida. Ouça aquela voz, repare no tom que era usado, perceba a honestidade, a clareza. Lembre-se do impacto que causou em você.

Quando penso num coach, penso em Frank Gorman – o mais fantástico professor que já conheci e um supertreinador. Desde que o conheço, Frank concentra o seu interesse numa única coisa: caratê. Ele é dessas pessoas que possuem o carisma especial, a paixão e o entusiasmo característicos dos grandes líderes. É mestre em fazer com que as pessoas se dediquem com tanta intensidade quanto ele e trabalha obstinadamente numa meta de curto prazo por horas a fio sem sequer pensar em um intervalo. Como ele consegue isso?

"A única coisa que importa são os polegares", Frank me dizia várias vezes, semana após semana. Mas havia outras coisas com que me preocupar, como tentar manter os olhos fixos à frente, o queixo para baixo, os ombros para trás, os cotovelos junto ao corpo, a coluna ereta, o quadril encaixado, os pés firmes no chão e flexionados para retesar a musculatura das pernas.

Finalmente, há alguns anos, perguntei: "Como meus polegares podem ser a única coisa que importa no caratê, se o que importa muda o tempo inteiro?" Frank sorriu e disse: "Ninguém aprende caratê num dia ou num ano. Só o que temos é o agora. O que posso ensinar a você neste momento? No que pode se concentrar agora? O que é capaz de aprimorar? A única coisa que importa é *o que estamos fazendo aqui e agora, neste exato momento.*"

O que aprendi com Frank é que a energia e a firmeza da nossa voz não deixam outra escolha à pessoa que estamos gerenciando a não ser se concentrar intensamente no que está fazendo naquele exato momento. Para quem é treinado desse modo, as exigências são imensas, mas o retorno é incrível. Não há outra escolha a não ser "mergulhar" de cabeça no trabalho, porque, como poucas outras pessoas na vida dele, estamos exigindo um desempenho excelente. Estamos pedindo que ele seja decidido e objetivo. Estamos ajudando-o a desenvolver suas habilidades um dia de cada vez. É possível que ainda se lembre da sua voz muito tempo depois de ter trabalhado para você.

Obviamente, algumas pessoas têm mais talento inato que outras para treinar as pessoas. Mas o modo de falar de um coach pode ser aprendido. Para começar, experimente imitar aquele seu antigo instrutor ou professor. Com o tempo, você acabará desenvolvendo um estilo próprio.

Você não precisa ficar gritando "Vai! Vai! Vai!"

Muitos gerentes temem não passar autenticidade, soar artificiais, se tentarem falar como um coach. Como disse um gerente sênior de uma empresa de software: "Ninguém vai me fazer sair gritando pela empresa: 'Vai! Vai! Vai!' Não tenho nada a ver com essa figura do coach."

Mas o verdadeiro treinamento ou gerenciamento do coach tem muito pouco a ver com ficar gritando palavras de encorajamento dentro da empresa – é apenas uma técnica. E para ser eficaz, esse estímulo não pode ser artificial. Precisa ser totalmente autêntico. Muitas vezes, é tão autêntico que você sequer se dá conta de que está fazendo isso.

Foi o que respondi a esse gerente de software. Então pedi que ele se lembrasse de algumas de suas melhores experiências de gerenciamento. Quando começou a descrever algumas, um sorriso surgiu em seu rosto. O relato que fez lembrava muito o gerenciamento do coach: "Eu estava realmente pensando na individualidade daquele funcionário. Eu me esforcei bastante para me concentrar no desempenho, e não na pessoa. Escolhi minhas palavras com todo o cuidado. Quis deixar muito claro o que eu já sabia sobre a situação e o que não sabia. Fiz perguntas, a maior parte delas para direcionar os próximos passos concretos. Estávamos bem no meio de um projeto, por isso expus exatamente o que tinha sido benfeito e o que estava errado. Em seguida, elaboramos um plano detalhado para as etapas seguintes e continuei acompanhando esses novos passos, um por um, até que estivessem concluídos."

É exatamente assim que um verdadeiro coach faz:

- Presta atenção na pessoa que está sendo treinada.
- Concentra-se nas especificidades do desempenho individual.

- Descreve de forma honesta e firme o rendimento do funcionário.
- Planeja e desenvolve os próximos passos.

Não espere pelos problemas para começar o gerenciamento

Desde muito cedo em nosso trabalho com gerentes, aprendemos que alguns deles são exímios coaches, mas a maioria não é tão boa nesse quesito. No entanto, independentemente de serem bons ou não, a verdade é que, quando se trata de gerenciar pessoas, uma parte bastante significativa das ações concretas acontece durante essas conversas de gerenciamento.

O problema é que a maioria dos gerentes só gerencia os funcionários quando encontra uma falha recorrente no desempenho, como prazos estourados, trabalho de qualidade precária ou um problema de postura, seja um comportamento negativo diante de clientes ou de colegas de trabalho. Quando o problema persiste é que o gerente decide chamar o funcionário à sua sala para fazer o gerenciamento: "Seu desempenho não está bom e precisamos conversar um pouco até que 'nós' possamos, com essas reuniões, resolver o problema."

A essa altura é provável que já exista uma sensação desagradável. O gerente pode estar pensando: "O que há de errado com você?" E seu subordinado pode estar pensando: "Caramba, por que ele não falou antes?" Quase sempre, o único próximo passo que o gerente se acha capaz de providenciar se resume a um "Não repita isso". Essa abordagem deixa ambos imaginando quando o problema vai se repetir. Não se esqueça de que, se o problema é recorrente, talvez a razão para isso seja o funcionário não saber que medidas adotar para evitá-lo ou ter adquirido um ou mais hábitos negativos que fazem com que a dificuldade ressurja.

Se o problema está se repetindo, é tarde demais para começar o gerenciamento. Este deve ser feito com antecedência, para que você prepare a pessoa para o sucesso. Por exemplo, se você tem um funcionário que estoura os prazos com frequência, não espere mais um atraso para só então gerenciá-lo. Comece assim que o prazo for fixado. Ajude-o a definir parâmetros intermediários, como metas ao longo do processo. A cada etapa, coopere com ele na elaboração de um plano para cumprir todas as tarefas. E verifique regularmente como as coisas estão andando. Converse com antecedência sobre a conclusão das etapas.

Pare de recorrer ao gerenciamento só depois que os problemas se apresentam: gerencie seus funcionários quando eles estiverem em ótima forma ou apenas indo bem. Instrua-os ao longo de todo o processo e ajude-os a desenvolver bons hábitos antes que tenham tempo de criar vícios.

Obtenha um desempenho extraordinário de pessoas comuns

Já tive a honra de trabalhar ao lado de inúmeros líderes das Forças Armadas dos Estados Unidos. Um dos fatos mais incríveis sobre os militares é sua notável capacidade de ensinar um número gigantesco de pessoas jovens e relativamente inexperientes a serem líderes eficazes. Vejamos o exemplo do Corpo de Fuzileiros.

Com uma proporção de um para nove entre oficiais e contingente alistado, os fuzileiros não têm alternativa senão recorrer a líderes entre os recrutas. Quase um em cada oito fuzileiros é um cabo encarregado de uma esquadra de tiro composta de três fuzileiros. Jovens comuns de 19 anos são transformados em líderes eficazes o dia inteiro, todos os dias. Como conseguem isso?

Os recém-chegados são treinados agressivamente desde o primeiro dia. Todos os dias, o tempo inteiro, durante 13 semanas no campo de treinamento, novos fuzileiros são instruídos para saber exatamente o que fazer e como fazer. Eles são acompanhados e avaliados. Problemas não são tolerados, e até mesmo a menor das recompensas deve ser conquistada por meio de trabalho árduo. Depois do campo de treinamento para recrutas, os fuzileiros continuam sendo treinados de forma enérgica, meticulosa e atenta o dia inteiro, todos os dias.

Como em todas as suas atividades, o Corpo de Fuzileiros é metódico ao extremo quando se trata de preparar novos líderes alistados. Os fuzileiros são treinados nas técnicas de coaching antes de assumirem a função de líder de esquadra de tiro. Eles aprendem a dar atenção a cada um individualmente, a fornecer feedback constante sobre seu desempenho e a oferecer instruções passo a passo para aprimorá-lo. O novo líder da esquadra de tiro assume completa responsabilidade por esse grupo, sabe quem está fazendo o que, onde, por que, quando e como. Deixa suas expectativas bem claras, monitora o desempenho de seus fuzileiros e ataca os problemas assim que surgem. Ele cuida de seus fuzileiros. Como resultado, é um gerente melhor aos 19 anos do que a maioria dos executivos seniores com décadas de experiência.

"Precisamos obter um desempenho extraordinário de pessoas comuns", disse-me um fuzileiro. "O único modo de termos êxito é arrancando isso desses jovens, um a um, todos os dias, por meio de uma liderança agressiva e implacável."

O que eles chamam de liderança agressiva e implacável eu chamo de coaching. Aprenda a falar como um coach e obtenha um desempenho extraordinário de todas as pessoas.

CAPÍTULO 4

Para cada pessoa, uma abordagem diferente

Durante a reunião mensal da equipe, você olha ao redor e observa cada um dos participantes. É impressionante como são diferentes entre si: Sam é criativo e Mary é analítica. Joe é comunicativo e Chris é tímido. Harold é muito qualificado, mas se distrai com facilidade. Bob é cheio de entusiasmo, mas tem pouca experiência. Rita é extremamente concentrada, mas nem sempre nas coisas certas. Juanita é perfeccionista e leva uma eternidade para terminar qualquer coisa. À medida que eles se alternam apresentando um breve relato das tarefas em andamento, você redobra a atenção, pois terá que preparar em breve a avaliação anual de desempenho de seus subordinados. A maior parte da equipe está indo muito bem. Mary e Joe são os grandes destaques, como de praxe. Mas Chris e Harold estão tendo dificuldades.

Cada profissional é diferente do outro, mas a maioria dos gerentes adota basicamente a mesma abordagem para gerenciar todos os membros do seu grupo. Qualquer que seja a técnica que utilizem – relatórios semanais, reuniões mensais de equipe ou avaliações anuais –, ela quase nunca está adaptada à pessoa que está sendo gerenciada. Em vez disso, baseia-se nas práticas que predominam na empresa e no estilo do próprio gerente. Isso é o que eu chamo de gerenciamento de "tamanho único". Seja qual for a abordagem de "tamanho único" utilizada, funciona muito bem para alguns funcionários, mas não tanto para outros. Aqueles que respondem bem a ela parecem oferecer um rendimento excelente, ao passo que os que respondem mal parecem ter um desempenho insatisfatório. Em vez de gerenciar cada pessoa para que ela tenha êxito, o chefe gerencia todo mundo do mesmo modo, sem se ater às necessidades individuais – e os resultados ficam ao sabor da sorte.

No entanto, você adotaria uma abordagem única para fazer a manutenção de um carro e de uma torradeira? É claro que não. Você dosaria a atenção e os cuidados com a manutenção de acordo com as especificações da máquina. Sendo assim, por que não adequar sua abordagem gerencial de acordo com o que se adequa melhor a determinado funcionário? Cada pessoa é diferente da outra. Saiba lidar com isso.

Descubra a melhor estratégia para cada funcionário

Todos os profissionais levam para o trabalho diversos níveis de capacidade e qualificação: formação, personalidade, estilo, formas de se comunicar, hábitos e motivações diferentes. Alguns precisam de mais orientação que outros. Para um funcionário os detalhes devem ser explicitados, ao passo que outro já tem tudo memorizado. Um reage melhor se você fizer perguntas, ao passo que outro prefere que você lhe dê todas as respostas. Uns precisam ser lembrados das coisas constantemente, outros só uma vez por semana. A única forma de lidar com a enorme diversidade entre os subordinados é descobrir o que dá mais certo com cada pessoa e, em seguida, personalizar seu estilo de gerenciamento em função disso.

Personalize seu gerenciamento

Não estou sugerindo que você atenda aos caprichos de cada subordinado. Mas conhecê-los pode ser bastante útil, pois você ficará sabendo quais são seus desejos e vontades e obterá uma vantagem sobre ele. Não estou falando de paparicar ninguém. Mas, se um funcionário precisa que você pegue na mão dele e lhe sirva as tarefas já mastigadas, é bom saber disso. Caberá a você no final decidir se está disposto a atendê-lo.

Também não estou propondo que pergunte a cada um como deseja ser gerenciado. O que um funcionário quer de você nem sempre coincide com aquilo de que ele precisa. Por exemplo, experimente perguntar a um subordinado renitente, de desempenho insatisfatório, se ele quer um feedback. Provavelmente, ele dirá: "Feedback? Não, obrigado." Muitas vezes, eles acham que sabem o que querem de você, mas é comum não saberem o que querem até receberem algo e as coisas começarem a dar certo.

O único modo de aprender o que realmente dá certo com alguém é pôr a mão na massa e começar a gerenciar. As conversas tête-à-tête de que falamos são o caminho mais curto. Quando você começar a fazer isso, as diferenças entre os funcionários saltarão aos olhos. Ao conversar cara a cara, procure se sintonizar com a pessoa e ajuste sua abordagem nessa ou naquela direção. Esteja alerta e consciente para a maneira como você muda sua abordagem e observe os efeitos de cada mudança em função da pessoa e do desempenho dela. E lembre-se de que precisará continuar fazendo ajustes constantemente, pois as pessoas mudam e evoluem com o passar do tempo.

A melhor forma de manter sua abordagem sintonizada com cada funcionário é fazer continuamente a si mesmo seis perguntas-chave sobre ele:

- Quem é essa pessoa no trabalho?
- Por que preciso gerenciar essa pessoa?
- Sobre o que preciso conversar com ela?
- De que forma?
- Onde?
- Quando?

Juntas, essas seis perguntas compõem uma das ferramentas de gerenciamento mais poderosas que eu conheço – chamo-a de lente de "customização". Se estiver sempre fazendo essas perguntas e analisando as respostas, o ajuste da abordagem será feito naturalmente.

Quem é essa pessoa no trabalho?
Não se preocupe. Não é preciso perguntar a si mesmo quem é a pessoa num nível muito profundo – o que passa pela cabeça dela, sua índole ou suas motivações mais íntimas. Na verdade, você não deve nem tentar, já que não tem qualificação para fazer isso, a menos que tenha formação em psicologia ou um sexto sentido especial. Concentre-se em identificar o "eu" que essa pessoa leva para o trabalho. Isso é suficiente.

Examine os pontos fortes e fracos básicos dessa pessoa dentro de sua função profissional. Pense em suas tarefas e responsabilidades. Que tipo de trabalho realiza? Examine seu histórico de desempenho. Trata-se de um de seus funcionários de desempenho extraordinário, mediano ou insatisfatório? É produtivo? Faz um trabalho de alta qualidade? Pense em sua experiência e na provável carreira que tem pela frente. Há quanto tempo trabalha na empresa? Quanto tempo é provável que ainda fique? Considere a função social que exerce no local de trabalho. Tem muita ou pouca energia? É entusiasta ou pessimista? É querido pelas pessoas? Comunicativo?

É comum os gerentes me perguntarem: "Quanto eu preciso saber sobre a vida pessoal de um funcionário?" Minha resposta: apenas o suficiente para ser educado. Saiba que um funcionário tem dois filhos. Seria simpático se lembrasse aproximadamente a idade das crianças e ainda mais simpático se recordasse o nome delas. Mas não é necessário lembrar o aniversário de cada uma ou ter as fotos delas na carteira.

Você deve compreender de que modo a vida pessoal de um funcionário influencia no desempenho dele no trabalho. A vida doméstica interfere nos prazos? No nível de entusiasmo? Na concentração? E assim por diante. A verdade é que muitos profissionais deixam suas questões pessoais em casa – mas não todos.

Há pouco tempo, realizei um seminário com uma executiva sênior de uma rede de hotéis. Depois de ter passado o dia treinando um grupo de gerentes sob a responsabilidade dela, ela me perguntou o que eu tinha achado da chefe dos serviços gerais, uma jovem de 20 e poucos anos que claramente não estava nos seus melhores dias. Vou chamá-la de Alice. Como chefe, Alice era responsável por uma equipe de oito gerentes.

Durante cerca de oito horas naquele dia, pude observar o olhar perdido de Alice. Quase não participou do seminário e, quando chegava a falar, pronunciava frases desconexas num tom de voz apagado. Volta e meia se levantava e deixava a sala para ir ao banheiro. O que achei de Alice? "Se o comportamento dela no trabalho se assemelha ao comportamento que demonstrou no seminário, eu estaria bastante preocupado com esse departamento", respondi à executiva. Foi quando a executiva me disse que Alice tinha graves problemas familiares. Esses problemas, pelo visto, eram recorrentes. Quando tudo estava calmo, Alice era uma das melhores funcionárias e uma gerente especialmente eficaz. Mas sempre que os problemas retornavam, ela perdia o rumo. Chegava atrasada e saía mais cedo, além de desaparecer por horas no meio do dia. Ficava muito dispersa, sem energia e mal abria a boca.

"Estou surpresa por ela ter conseguido chegar ao final do seu seminário", a chefe de Alice me confessou. "Todos temos pena dela. Há alguns anos, eu a ajudei a obter aconselhamento psicológico pelo plano dos funcionários, oportunidade que ela soube aproveitar muito bem. As coisas andaram melhor por um tempo, depois começaram a piorar novamente. Aí melhoraram outra vez e agora estão piores." Isso estava acontecendo havia anos. Achei que era melhor ir direto ao ponto: "Não é da minha conta o que Alice faz da vida pessoal dela, certo? Não posso demiti-la porque está tendo problemas em casa."

É esclarecedor reformular essa questão bastante complicada em termos simples e claros: a questão não é se essa pessoa está tendo problemas em casa, e sim "Quem é essa pessoa no trabalho?".

No trabalho, Alice era muito inconstante. Atravessava períodos de desempenho extraordinário e de desempenho insatisfatório. O que a chefe dela deveria fazer? Uma das opções era gerenciá-la como uma profissional de ótimo rendimento quando estivesse bem e como profissional medíocre quando estivesse mal. Gerenciar Alice quando estivesse mal exigiria um esforço enorme, e talvez a gerente dela não fosse capaz de fazê-lo no mesmo nível em que a empresa precisaria – sobretudo porque a subordinada era gerente também. No fim das contas, a executiva chegou à conclusão de que não podia ter uma gerente com um desempenho tão inconstante. No dia seguinte, tomou a decisão de demitir Alice, não porque ela estava com problemas em casa, mas por causa da pessoa que ela era no trabalho.

Talvez você esteja pensando: "Alice é um caso especial." *Todo* funcionário é um caso especial. Se você não sabe o que faz de um de seus subordinados um caso especial, é melhor descobrir. Pergunte sempre a si mesmo: "Quem é essa pessoa no trabalho?"

- Avalie os pontos fortes e fracos básicos do funcionário.
- Pense no papel que cada pessoa desempenha no local de trabalho.
- Saiba de que modo as questões pessoais afetam o trabalho de uma pessoa.
- Gerencie o "eu" que cada profissional leva para o trabalho.

Por que preciso gerenciar essa pessoa?
Para respondermos a essa pergunta devemos ter uma compreensão nítida de nossas metas no gerenciamento de cada funcionário e daquilo que precisamos receber dele. Você precisa que ele assuma alguma nova responsabilidade? Melhore o trabalho que já faz? Trabalhe mais rápido? Modifique algum comportamento? Com algumas pessoas, se você não conversar todos os dias sobre sua respectiva lista de tarefas, pode ser que elas não façam nada. Com outras, se não explicar em detalhes como, exatamente, fazer determinada tarefa, elas podem fazer errado. Com determinado funcionário, se você não apontar os atalhos, ele levará uma eternidade para concluir o trabalho.

Sejam quais forem suas razões para gerenciar alguém, não cometa o erro de pensar que alguns profissionais são tão talentosos, qualificados e motivados que nem precisam de gerenciamento. Mesmo as "estrelas" precisam ser gerenciadas. Como qualquer pessoa, elas têm dias ruins, às vezes tomam uma decisão infeliz e cometem erros de julgamento. Elas também precisam de orientação, direcionamento, apoio e incentivo. Querem ser desafiadas e sentir que estão evoluindo. Mais do que isso, muitas vezes elas gostam de saber que alguém está acompanhando o ótimo trabalho que realizam e pensando em formas de premiá-las.

Às vezes os gerentes me dizem: "Esse funcionário é diferente. Ele é tão talentoso, qualificado e motivado que não tenho nada a oferecer a ele." Isso não significa que ele não precisa de um chefe. Significa apenas que talvez *você* não deva ser o chefe dele. Se for o caso, pense na possibilidade de promovê-lo, transferi-lo para um setor que tenha algo a oferecer a ele ou mudar a relação entre vocês para que passem a trabalhar juntos como parceiros. Com frequência, o que os gerentes querem de fato dizer é que "essa pessoa é tão competente que é capaz de administrar mais responsabilidades do que a maioria. É capaz de fazer seus próprios planejamentos, conclui um grande volume de trabalho com muita qualidade e rapidez todos os dias, não causa problemas, aprende depressa e o tempo todo, se relaciona muito bem com as pessoas, tem visão de conjunto, possui excelente senso crítico e sabe ter iniciativa na medida certa. Como lido com isso?"

Você precisa gerenciar essa pessoa porque ela o desafia de maneiras para as quais você não está preparado. Obriga-o a ficar alerta e a estar seguro de sua posição. Por isso faça verificações regulares para se certificar de que as coisas estejam caminhando tão bem quanto parecem e peça relatórios regulares sobre os projetos e responsabilidades dela. Independentemente dos talentos que ela possua, você precisa verificar se o trabalho está progredindo. Mais importante que tudo isso, deve garantir que ela esteja recebendo tudo de que precisa e não esteja pensando em procurar outro emprego. Faça todo o possível para lhe perguntar regularmente: "O que você precisa de mim?" Esforce-se ao máximo para recompensá-la generosamente por seu excelente trabalho. E considere-se um sujeito de sorte.

Lembre-se de que todo profissional precisa de gerenciamento. Se você não sabe por que um de seus subordinados precisa ser gerenciado, é melhor descobrir.

- Deixe suas metas bem claras para cada pessoa. O que *você* precisa obter dela?
- Tenha sempre em mente o que poderia dar errado se você não a gerenciasse.
- Preste atenção: as razões para gerenciar cada pessoa mudarão com o passar do tempo.

Sobre o que preciso conversar com essa pessoa?

Saber por que precisa gerenciar alguém já é meio caminho andado para saber sobre o que é preciso conversar com ele.

É claro que você tem que conversar sobre o trabalho com todos os subordinados. Mas em quais detalhes deverá se concentrar com cada um em especial? Deve conversar sobre uma estratégia em termos gerais ou repassar com ela a lista de tarefas do dia? Revisar o procedimento-padrão para cada tarefa ou conversar sobre formas de ser criativo no desempenho delas? O que você acaba conversando com um funcionário, no final das contas, deve ser determinado pelo que quer que ele faça no futuro imediato.

Se você quer que ele trabalhe mais, converse sobre o número de itens na lista de tarefas dele diariamente. Se quer que trabalhe mais depressa, converse sobre quanto tempo levará cada item na lista e descubra o que está levando mais tempo que o necessário. Se quer que ele se demita, será preciso dizer a ele, incessantemente, todas as coisas que não estão andando como deveriam. Se não quer que se demita, converse com ele para saber se está satisfeito, se está tendo o que precisa ou se quer algo que não está conseguindo. Se quer que mude de comportamento, converse com ele e diga em detalhes como gostaria que se comportasse.

Algum tempo atrás, o gerente de uma clínica de audiologia me contou que o recepcionista deles – vou chamá-lo de Chris – parecia ter um problema incorrigível de desempenho. Chris era eficiente para abrir a clínica de manhã na hora certa, atender o telefone e lidar com os pacientes no consultório. Mas todo dia se esquecia de verificar as correspondências e de distribuí-las como deveria. Com isso, as outras pessoas que trabalhavam na clínica tinham que mexer nas cartas todos os dias para encontrar o que era delas, e o restante da correspondência, papelada que tinha que ser arquivada, ficava se acumulando sobre a mesa de Chris. O gerente me disse: "Cheguei a vê-lo usando uma pá de lixo para recolher as cartas que tinham deslizado do topo do monte e caído no chão... Eu o vi recolocar tudo novamente sobre a pilha em cima da mesa!"

Além disso, sempre que os pacientes telefonavam para saber se seus aparelhos de audição estavam prontos, Chris respondia "sim" ou "não", mas a resposta não era baseada na informação precisa sobre a disponibilidade do aparelho. "Francamente, não faço ideia de como ele se decide pelo sim ou pelo não", o gerente de Chris me confessou. "Acho que diz a primeira coisa que lhe vem à cabeça. Em geral, limita-se a dizer 'não' e as pessoas voltam a ligar. O problema mesmo é quando diz 'sim'. Em metade das vezes está certo, acho que por mero acaso. Mas isso faz muita gente ir à clínica pegar o aparelho de audição que não ficou pronto. Algumas pessoas moram longe, e muitas são idosas. Elas reclamam ofendidas, com toda a razão. Já falei com Chris várias vezes sobre isso. Converso com ele praticamente toda vez que acontece. Mas a história sempre se repete."

O gerente queria saber: "Preciso dizer isso ao Chris: 'Todo dia de manhã, você vai imprimir uma lista da situação dos aparelhos de audição solicitados. Deixe-a sobre a sua mesa. Quando um paciente telefonar para saber se o aparelho dele está pronto, consulte a lista. Se estiver pronto, diga sim. Se não estiver pronto, verifique a data de entrega na lista e peça-lhe que ligue novamente nessa data.' Tenho mesmo que dizer isso tudo com todas as letras para ele?" Minha resposta: quando você não diz tudo com todas as letras, ele faz errado. Portanto, sim. Diga isso todos os dias se necessário. Explique a ele também como deve ser feita a distribuição da correspondência, todos os dias. Transforme a montoeira de cartas sobre a mesa dele num projeto. Dê a ele um prazo. Desmembre esse prazo em metas menores, se preferir. Forneça a ele instruções precisas. Se tiver tempo, examine com ele as cartas para ver se está sabendo arquivá-las corretamente. Se não estiver, oriente-o.

Algumas semanas mais tarde, esse gerente me trouxe novidades sobre Chris: "Era isso. Eu só precisava dizer a ele o que fazer! Durante um tempo, eu o lembrei todos os dias. Agora, quando passo pela mesa do Chris de manhã, ele me mostra, com um sorriso, a lista com a situação dos aparelhos e diz: 'E não se preocupe. Não vou me esquecer da correspondência de hoje.'"

Diante de cada subordinado, pergunte o tempo todo a si mesmo: "Sobre o que preciso conversar hoje?"

- Converse sobre o trabalho.
- Concentre-se no que você quer que o funcionário faça no futuro imediato.
- Decida se deve conversar sobre algum aspecto mais geral ou sobre todos os pequenos detalhes.
- Para alguns funcionários, desmembrar itens complexos em partes menores e usar da máxima clareza faz a diferença entre um desempenho ótimo e um insatisfatório.

Como devo conversar com essa pessoa?
Como você deve conversar sobre trabalho com cada funcionário? Alguns subordinados reagem melhor quando precisam responder perguntas. Outros preferem que você assuma o controle e basicamente conduza a conversa. Alguns reagem melhor quando você adota um tom monocórdio e se atém aos fatos – o estilo dos auditores. Outros, quando você conversa com mais sentimento – o estilo do irmão mais velho. Alguns reagem melhor se você os criva de perguntas difíceis – o estilo interrogatório. Outros preferem um entusiasmo efusivo – o estilo dos animadores de torcida. Alguns reagem melhor à preocupação, ao medo e à pressão da urgência – o estilo apocalíptico.

Tenha em mente também que cada pessoa é motivada por um fator diferente. Algumas pessoas são entusiastas e você precisa aproveitar isso. Outras precisam de inspiração. Algumas buscam aprovação. Outras trabalham para pôr comida na mesa. Algumas só pensam em trabalho. Outras só pensam no dinheiro. Algumas fazem do trabalho sua missão na vida. Outras precisam ser lembradas constantemente de onde estão, do que deveriam estar fazendo e por quê.

O modo de gerenciar é em parte uma questão de tom e estilo. É claro que não é recomendável forçar a barra num estilo que não combine com você nem escolher um tom porque ele deixa o funcionário ou você mesmo confortável. A preocupação aqui não é essa. Procure o tom e o estilo certos para motivar cada pessoa da melhor maneira e fazer com que ela entenda seu recado sem sombra de dúvida. No fim das contas, estamos falando de escolher as melhores ferramentas e técnicas para se comunicar, lembrando que alguns funcionários exigem mais esforço do que outros.

Nos dias de hoje é comum que os chefes precisem enfrentar a grande dificuldade que é gerenciar funcionários que não falam o mesmo idioma que eles. Isso, *sim*, é um desafio comunicacional. Que ferramentas e técnicas poderiam superá-lo? Como gerenciar essa pessoa e ter certeza de que ela entendeu exatamente o que você precisa que ela faça, do modo que deve ser feito?

Um gerente de uma empresa de paisagismo que lida com esse tipo de problema todos os dias sugere as seguintes técnicas: "Você precisa ter na equipe alguém que fale as duas línguas, que funcione como um intérprete." Em segundo lugar, ensine e aprenda. "A maioria dos membros da equipe fala espanhol. Com o passar dos anos, aprendi um pouco do idioma, pelo menos algumas palavras essenciais, e a maioria deles acaba aprendendo um pouco de inglês depois de um tempo." Você pode começar a formar um vocabulário misto, uma combinação das duas línguas que possa ser usada para comunicar as especificações do trabalho. Esse gerente explicou: "Acredite se quiser, também usamos nossa própria linguagem de sinais. Eu aponto à beça para as coisas. Às vezes, faço uma pequena demonstração e peço que o funcionário me imite. Também faço o sinal de positivo ou negativo com o polegar."

Outra técnica comum é criar listas de verificação, ou checklists, e outros recursos escritos nas duas línguas. Desse modo, os gerentes podem literalmente apontar para os itens na lista e ambos, gerente e subordinado, saberão do que se trata. Isso também vai ajudá-los a aprender palavras-chave do idioma um do outro e, pouco a pouco, a conversar sobre a lista.

Pergunte o tempo todo a si mesmo: "Como devo conversar com essa pessoa?"

- Pense no que motiva determinado funcionário.
- Descubra que tom e estilo funcionam melhor.
- A maioria responde bem à comunicação verbal associada a figuras que ilustram textos.

- Escolha as ferramentas e técnicas adequadas para cada pessoa.

Onde devo conversar com essa pessoa?
Seja na sua sala ou em algum outro local apropriado para uma reunião informal, faça da conversa nesse lugar um hábito. Esse espaço vai se tornar o cenário em que seu relacionamento gerencial com aquela pessoa vai se desenvolver. Seja cuidadoso na escolha.

Se seus subordinados trabalham em locais distantes, sua prioridade deve ser estabelecer um rigoroso protocolo de telefonemas e e-mails. Mas se você trabalhar no mesmo prédio que seu funcionário, o melhor lugar pode ser algum território neutro. Um gerente me disse que ele e sua equipe estão sempre andando de um lado para o outro e não há um lugar específico para reuniões, de modo que vai com eles até a escada do edifício para ter conversas rápidas. É comum pessoas que trabalham em restaurantes me dizerem que escolhem uma mesa nos fundos para essas conversas tête-à-tête. Operários de fábrica costumam se afastar das máquinas para poderem ouvir melhor. Soldados às vezes conversam protegidos atrás de uma rocha. Minha maneira favorita de realizar essas reuniões é caminhando – basta que você e seu funcionário levem caderno e caneta para tomar notas.

Pergunte o tempo todo a si mesmo: "Onde tenho que gerenciar essa pessoa?"

- Escolha um local que seja bom para você e para seu subordinado.
- Tente conversar com ele toda semana no mesmo lugar.
- Use o telefone e o e-mail para se comunicar com funcionários alocados em pontos distantes.

Quando devo conversar com essa pessoa?
Quando pensamos nos dias e nos horários em que nos reuniremos com cada subordinado, é comum nos sentirmos pressionados por nossa agenda.

Às vezes, a hora da conversa é completamente ditada pela logística. Por exemplo, se um funcionário trabalha num turno diferente do seu, pode ser necessário chegar mais cedo ou ficar até mais tarde para vocês se encontrarem. Em outros casos, a melhor hora de se encontrarem pode ser uma questão de estado de espírito. Talvez você gerencie uma pessoa que é meio lenta de manhã (ou talvez *você* seja lento de manhã) e, por isso, decida que é melhor conversar com ela pouco antes do almoço, e não no comecinho do dia.

O melhor momento também pode ser determinado por algo ligado ao desempenho. Digamos que um funcionário seu chegue sempre atrasado. Alguns gerentes tentam lidar com esse problema marcando reuniões bem cedo. Acredito que, se você quer ajudar alguém a ser pontual, a melhor hora para conversarem é no fim do dia, pouco antes de ele sair. O próximo item na lista de tarefas dele será horário de chegada – que é exatamente o que você deve frisar no final da reunião: "Só quero lembrar que o expediente dessa empresa começa às oito horas. Quanto tempo você leva para chegar ao trabalho? Vinte minutos? O.k. Quanto tempo leva para se arrumar de manhã? Meia hora? Certo. E a que horas costuma se levantar? Às sete e meia? Arrá! Aí está o problema. Você precisa começar a levantar às sete! Quer que eu lhe telefone de manhã para acordá-lo?" Tenha essa conversa algumas vezes no fim do dia e garanto que a probabilidade de a pessoa começar a chegar na hora é muito grande.

Um gerente que cuida de uma distribuidora de bebidas me disse que tentou essa técnica com uma funcionária que sempre chegava atrasada. "Toda vez que ela chegava atrasada, me dizia que tinha perdido o ônibus. Então uma vez esperei até o fim do dia para conversar com ela. Perguntei que ônibus costumava pegar e ela me respondeu que era o das 8h40. Perguntei se havia algum mais cedo e ela disse que havia o de 8h e o de 8h20. Então pedi que ela tentasse pegar um desses dois. E lembrei a ela todos os dias, durante uma semana, antes que deixasse o escritório: 'Tente pegar o ônibus das 8h20 amanhã de manhã, o.k.?' Ela nunca mais se atrasou."

Mas talvez uma questão mais complexa do que a melhor hora do dia para se reunir com um membro da equipe seja *com que frequência se reunir com ele.*

Em primeiro lugar, a maioria de seus subordinados precisa conversar com você sobre o trabalho com mais frequência do que imagina e muito mais vezes do que já costuma acontecer. Sempre incentivo os gerentes a fazerem essas reuniões com mais assiduidade do que acham necessário, até que saibam exatamente o que a pessoa está fazendo – onde, quando, como e por quê. Com o tempo, será possível se afastar um pouco e fazer menos reuniões.

Em segundo, a maior parte das pessoas precisa mais dessas conversas com o gerente quando está fazendo algo novo ou trabalhando numa nova tarefa ou num novo projeto, e precisará menos com o passar do tempo. Mas lembre-se de que o alvo é móvel. Você vai ter que começar a se reunir com mais frequência outra vez se o funcionário pegar uma nova tarefa, uma nova responsabilidade ou um novo projeto, se ele ficar menos produtivo, começar a deixar passar detalhes ou desenvolver algum problema de comportamento. À medida que as coisas forem melhorando, você poderá recuar um pouco e se reunir menos vezes.

Os funcionários com iniciativa própria e um desempenho extraordinário provavelmente não precisam conversar todo dia com o chefe. Se um de seus subordinados de ótimo rendimento começar a monopolizar as reuniões com você, explicando a lista de tarefas da semana, incluindo planos passo a passo e em seguida apresentando memorandos com o resumo dessas apresentações, isso quase sempre indica que você poderá se manter ainda mais a distância que antes.

Mas funcionários que não têm um desempenho tão bom podem exigir reuniões muito mais frequentes – talvez todo dia, na hora em que chegam ao trabalho. Chamo isso de gerenciamento orientado à função: "Sr. Fulano, você estará aqui durante cinco horas, certo? Aqui está o que quero que faça: A, B, C e D. O.k.? Vamos repassar A... e B... e..., etc. A lista de verificações está aqui. Preparado?"

Essa conversa – fazer o gerenciamento orientado à função – leva de 5 a 15 minutos. Se você tiver funcionários que precisam de muita orientação, tente fazer isso toda vez que entrarem pela porta. E observe o desempenho deles melhorar radicalmente em tempo recorde.

Para algumas pessoas, nem isso é o bastante. As que apresentam um desempenho insatisfatório podem precisar de gerenciamento duas ou três vezes por dia, caso contrário ficam mais lentas e perdem o foco. Mas onde devemos traçar um limite? Chegar à conclusão de que um funcionário exige tanto do seu tempo de gerenciamento que simplesmente não está valendo a pena é uma questão complicada. Você precisa ponderar se esse profissional é muito menos competente, qualificado e motivado do que os outros que poderiam ocupar o lugar dele. Às vezes, dependendo da função e da mão de obra disponível para ela, o único modo de conseguir um rendimento de alto nível e duradouro é se dedicar a um gerenciamento intensivo – duas, três, quatro vezes ao dia. Mas outras vezes a resposta é clara: "Sem condições! Estou pagando muito bem a esse funcionário e sua função está num nível elevado demais para justificar o tempo que ele me exige."

Pergunte sempre a si mesmo: "Quando preciso gerenciar essa pessoa?"

Que dias e horários funcionam melhor?

- Às vezes, o horário é ditado pela logística.
- O melhor momento pode depender do seu humor habitual e do humor do seu funcionário durante certos períodos do dia.
- A melhor hora pode ser sinalizada por uma situação ligada ao desempenho.

Com que frequência?

- A maioria das pessoas tem necessidade de conversar com você muito mais vezes do que imagina.
- A maior parte precisa conversar mais quando está trabalhando em algo novo.
- Proponha-se, durante um tempo, a ter conversas tête-à-tête com mais frequência do que julga necessário.
- Com o passar do tempo, você poderá recuar um pouco e fazer menos reuniões.

Vale a pena? Veja por si próprio.

O panorama gerencial

Escreva as seguintes perguntas no alto de uma folha de papel: Quem? Por quê? O quê? Como? Onde? Quando? Na primeira coluna – abaixo de "Quem?" – liste cada pessoa que você gerencia e escreva alguns comentários sobre o que sabe ou pensa que sabe a respeito dela. Em seguida, escreva observações sobre ela abaixo das colunas "Por quê?", "O quê?", "Como?", "Onde?" e "Quando?". Se organizar todas essas informações numa única página, você terá um resumo do panorama de gerenciamento com que precisa lidar. Nessa página estará o seu mundo gerencial. Lembre-se de que as circunstâncias e as pessoas mudam. Isso significa que você deve rever essas perguntas com frequência e alterar e ajustar seu panorama gerencial regularmente.

Sua meta como gerente é ajudar cada pessoa a crescer e se desenvolver. Você quer que as respostas a essas perguntas mudem.

Quem? Faça com que essa pessoa passe a ter um desempenho excelente, dedicando-se profundamente ao trabalho.

Por quê? Faça com que ela se torne tão boa na função que exerce e tão valiosa que você possa conversar sobre estratégias e visão geral, fazer brainstorming de grandes ideias, incentivá-la a assumir novas responsabilidades e ajudá-la a obter mais do que precisa para nunca pedir demissão.

O quê? Faça com que ela se torne tão boa em seu trabalho que, nas sessões de gerenciamento, possa discutir os planos que ela traçou para as tarefas, inteirar-se dos progressos, falar das formas pelas quais ela pode dar outras contribuições e de como agir de forma a merecer ainda mais prêmios.

Como? Faça com que ela se torne tão competente e segura que você possa relaxar e apenas escutá-la.

Onde? Talvez a pessoa se torne tão bem-sucedida que ganhe uma sala só para ela e vocês possam começar a se reunir lá.

Quando? Faça com que ela se torne tão boa no gerenciamento de si mesma que você só precise verificar o andamento do trabalho uma vez por semana para ter certeza de que as coisas estão indo tão bem quanto imagina.

Não pare nunca de fazer a si mesmo essas perguntas, e de respondê-las.

CAPÍTULO 5

A responsabilidade pessoal deve ser um processo efetivo

Você acaba de voltar da conferência anual de gerenciamento da sua empresa, cujo tema foi responsabilidade pessoal. Ouviu várias palestras de executivos seniores e de alguns especialistas convidados: "Cada um de vocês é responsável pelas suas ações", disse um. "Considerem-se mutuamente responsáveis pelo que fazem", afirmou outro. E por aí vai. Você volta da conferência com sua nova caneca da "responsabilidade pessoal" e lê um e-mail enviado pelo seu chefe, lembrando-lhe de que "sua função é cobrar a responsabilidade do seu pessoal".

Responsabilidade pessoal está na ordem do dia em quase todas as empresas. Mas o que isso realmente significa?

Responsabilidade pessoal significa ter que responder pelos próprios atos. A ideia tem forte apelo: se um funcionário sabe que deverá explicar suas ações para outra pessoa e que elas serão premiadas ou punidas conforme o seu desempenho, espera-se que ele se esforce para agir melhor. Quando líderes executivos repetem o slogan da "responsabilidade pessoal", o que estão tentando fazer é espalhar a seguinte mensagem: aja sabendo de antemão que precisará se explicar e que suas ações terão consequências.

Associe consequências concretas ao desempenho do funcionários

Para que a responsabilidade pessoal funcione, não basta ficar repetindo o slogan pelos corredores e esperar que as pessoas o compreendam.

Em primeiro lugar, a responsabilidade pessoal só serve de ferramenta de gerenciamento se o funcionário souber *de antemão* que precisará responder por suas ações. Se você disser que ele terá que se justificar *depois* que já agiu, isso não modificará o comportamento dele. Do mesmo modo, se punir uma pessoa por um desempenho insatisfatório – sem ter dito a ela antes que suas ações determinam punições e recompensas –, será tarde demais para influir em seu comportamento.

Em segundo lugar, os funcionários devem confiar na existência de um processo justo e claro de acompanhamento de suas ações, que atrele consequências concretas ao seu comportamento. Por exemplo: qual a primeira coisa que você iria querer saber se amanhã de manhã seu chefe lhe dissesse: "Hoje, vou considerá-lo efetivamente responsável por suas ações. Se fizer um excelente trabalho, vou lhe dar mil dólares de bônus. Se o trabalho for mediano, vai conseguir manter o emprego. Mas se for insatisfatório, será demitido." A primeira coisa a saber é exatamente o que será considerado um trabalho excelente, um mediano e um insatisfatório, certo? Afinal, se você será considerado responsável por suas ações e se haverá consequências, precisará entender o que é esperado e exigido de você. Também gostará de saber se alguém vai observá-lo atentamente durante todo o dia, para que não deixe de ver quando você estiver realizando um excelente trabalho. E, por fim, vai querer se assegurar de que o seu desempenho seja avaliado com base naquelas expectativas e exigências que foram esclarecidas desde o princípio – e não em outra coisa.

Você precisa de um processo justo e claro para associar consequências concretas às ações concretas de cada funcionário. Qual deve ser o seu papel?

- Expor as expectativas com antecedência e em termos claros.
- Acompanhar o desempenho do funcionário a cada etapa.
- Implementar as consequências concretas de acordo com o cumprimento efetivo ou não dessas expectativas.

Esse processo não pode ser feito uma ou duas vezes por ano, durante avaliações formais de desempenho. Para uma responsabilidade pessoal efetiva, ele deve ser aplicado minuciosamente e com frequência. No mundo real, porém, você encontrará muitos fatores que impossibilitarão um processo ideal que imponha consequências imediatas às ações. Não deixe que isso se torne uma desculpa para não exigir a verdadeira responsabilidade pessoal. É possível fazer com que as pessoas respondam de acordo com seus atos, mesmo nas circunstâncias mais adversas. Vejamos as sete complicações mais comuns que interferem nisso.

Complicação 1: "Estou esperando por isso e por aquilo."
Quando pedimos que um subordinado responda por suas ações, é comum que ele comece a culpar terceiros. Algumas vezes ele tem razão em fazer isso. No complexo mundo atual, muitos funcionários têm que trabalhar em colaboração com outros colegas e departamentos, para não falar de gente de fora, como clientes e fornecedores. Algum funcionário pode não ter conseguido fazer jus a uma expectativa estipulada, como um

prazo, porque está aguardando que outra pessoa termine alguma parte do quebra-cabeça antes que ele possa completar sua tarefa. Os gerentes me perguntam o tempo todo: "Como posso cobrar a responsabilidade de meus subordinados de forma justa quando eles estão sendo prejudicados por uma pessoa de outro departamento?"

Primeiro, concentre-se nas tarefas que seu funcionário pode realizar por conta própria, sem depender de mais ninguém. Você deve definir com precisão todas as etapas que ele pode e deve assumir, até o ponto em que precisa esperar algo de mais alguém. Feito isso, avalie a eficiência com que realizou essas tarefas.

Segundo, veja como seu subordinado está lidando com aqueles de quem depende para completar seu serviço. Você pode ensiná-lo a interagir de modo mais eficaz com essas pessoas e obter o que necessita delas com mais rapidez.

Por fim, se o trabalho do seu funcionário está sendo prejudicado por um colega ou alguém de fora, fale com toda clareza exatamente o que deseja que ele faça durante o período de espera. Ajude-o a se planejar para reduzir o tempo ocioso, manter a produtividade e fazer o projeto continuar avançando.

Você não pode responsabilizar um funcionário pelas ações de outra pessoa. Mas pode ajudá-lo a lidar melhor com essas situações difíceis e manter o processo de responsabilização pessoal em andamento – basta se concentrar nas ações concretas que estão ao alcance dele.

Complicação 2: "Outras obrigações de trabalho atrapalharam."

Em diversas organizações, os gerentes muitas vezes precisam contar com funcionários que têm mais de um chefe, competindo pelo tempo e pela energia deles. Quando você passa alguma tarefa para uma pessoa nessa situação, nem sempre está claro quantas outras tarefas ela será obrigada a conciliar, ou se uma tarefa urgente de outro chefe irá interferir na conclusão da sua em tempo hábil. Como cobrar responsabilidade pessoal nesse caso?

Um gerente sênior de uma grande empresa de mídia, que chamarei de Phil, tem uma resposta definitiva a essa pergunta: "Faço questão de ser o gerente que os funcionários não vão querer desapontar. Todos sabem que não se aceita uma tarefa passada por mim a não ser que você possa, com absoluta certeza, completá-la de acordo com as minhas especificações. Estou sempre acompanhando o andamento do serviço. Não há como se esconder de mim: eu sempre encontro a pessoa. A não ser que ela esteja no leito de morte, é melhor ter uma resposta para me dar."

Aqui está o que aprendi com Phil e outros como ele.

- Seja o chefe mais participativo e dedicado de todos e você será aquele para quem seus subordinados darão o maior retorno. Se souberem que você estará acompanhando o andamento de tudo, monitorando, avaliando e documentando, fazendo questão de assegurar a responsabilidade pessoal, vão sempre priorizar as suas tarefas.
- Seja o chefe que prepara o funcionário para obter êxito e o recompensa de acordo com seu desempenho. Se fizer isso, os melhores vão sempre querer trabalhar para você.
- Seja o chefe que sabe sobre os projetos de outros gerentes que seu funcionário está tendo que conciliar. Faça muitas perguntas sobre os outros serviços e seus prazos. Converse sobre como o que você passou pode acabar interferindo nas outras demandas e de que forma essas

outras demandas podem interferir no trabalho que você passou. Pensem juntos se ele será capaz de atender suas exigências. Façam um plano para ser posto em prática caso alguma outra responsabilidade interfira no cumprimento do seu prazo ou de suas especificações.

- Seja o chefe que estabelece expectativas, padrões e exigências mais elevados. Se os demais gerentes, seus pares, têm outras prioridades, lembre regularmente e com entusiasmo ao seu subordinado que você é diferente. Faça com que os integrantes da sua equipe admirem seus padrões elevados e que isso seja um lema compartilhado por todos.

Complicação 3: "Venho aceitando a mediocridade há muito tempo."

É comum os gerentes me perguntarem: "Como posso elevar meu padrão de uma hora para outra e começar a cobrar a responsabilidade de cada um se não fiz isso todos esses anos?"

Para responder a essa pergunta, gostaria de lhes contar a história de uma gerente que chamarei de Debbie. Por vários anos, Debbie esteve à frente de um laboratório. A maioria dos pesquisadores que ela gerenciava já trabalhava lá antes da chegada dela e estava acostumada a trabalhar independentemente, sob uma supervisão diária muito solta. Não tinham o hábito de prestar contas a ninguém além de si mesmos.

Quando Debbie assumiu o laboratório, acabou pegando bastante leve por não querer contrariar o status quo. Quatro anos mais tarde, o laboratório funcionava do mesmo modo que na época em que ela assumiu, e as coisas não estavam indo bem. "As pessoas chegavam e saíam a seu bel-prazer", Debbie me disse. "O laboratório estava uma bagunça. Os suprimentos não eram identificados e armazenados de maneira adequada.

Ninguém seguia os procedimentos de segurança e nem todos os experimentos eram documentados. As pessoas não limpavam sua área de trabalho depois de usá-la. Algumas faziam um bom serviço porque eram naturalmente motivadas, mas ninguém era responsabilizado pelo próprio desempenho."
Mesmo assim, Debbie não tomou as rédeas. "Eu não me sentia responsável pelo laboratório. Aquelas pessoas estavam lá antes de mim, e eu perdi a chance de pôr ordem na casa assim que cheguei. Quanto mais tempo passava e eu aceitava a situação, menos me sentia no direito de promover grandes mudanças. Mas finalmente me cansei daquele caos e cheguei à conclusão de que precisava cobrar as responsabilidades de cada um. Convoquei uma reunião da equipe, expliquei que a situação era inaceitável e avisei que eu não a toleraria mais", Debbie contou. "Disse a eles que implementaria uma série de alterações, mas não ia inventar regras novas, apenas cobrar o cumprimento das já existentes. As pessoas reclamaram: 'Mas sempre fizemos desse jeito. Você está aqui há quatro anos e nunca fez questão de fazer valer essas regras.'"

"Não os culpei por isso. Culpei a mim mesma", Debbie prosseguiu. "Foi muito libertador assumir a responsabilidade por essa falha. A culpa era minha, não deles. Eu apenas disse: 'Vocês estão absolutamente certos! Fui permissiva. Mas isso acabou!' Disse a eles que lamentava por ter sido uma gerente fraca e que seria uma chefe muito melhor dali para a frente. Repassei cada uma das regras em detalhes, listando todos os procedimentos-padrão que vínhamos ignorando. Expliquei que eu iria fazer a mais absoluta questão de que essas regras fossem seguidas e de que modo faria isso."

"Sabia que enfrentaria bastante resistência, sobretudo de um funcionário, Gus, que trabalhava na empresa havia 20 anos." Quando Debbie começou a cobrar as responsabilidades de sua equipe, Gus, que tinha um bom histórico em seus anos de empresa, reagiu fortemente, dizendo: "Essa empresa também é minha. Faço as coisas ao meu modo há anos e tenho sido bem-sucedido." O que Debbie fez? "Continuei repassando as antigas regras e minha nova política. Comuniquei as mudanças de forma firme e inflexível." Essa abordagem é suficiente para fazer com que a maioria dos funcionários recue e aceite os ajustes necessários. Mas não foi o caso de Gus.

Algum tempo depois, recebi um e-mail de Debbie. O assunto era: "Nasce UM NOVO DIA!" No corpo do e-mail, ela me contava: "Eu sabia que muitos dos pesquisadores não acreditavam que eu iria sustentar o que disse. Mas fui firme, e finalmente entenderam o recado. As mudanças não serão esquecidas. O laboratório está mais limpo do que nunca. Estamos de fato seguindo os procedimentos pela primeira vez desde que entrei aqui. Os pesquisadores batem o cartão como devem e seguem os procedimentos de segurança. O laboratório produziu mais nas últimas duas semanas do que em todo o ano passado." Incluindo Gus? "Acho que Gus se deu conta de que eu não iria recuar... por isso começou a procurar outro gerente. Mudou-se hoje para o andar de cima, trabalhando em outra função."

Debbie concluiu: "Eu só precisava de coragem para assumir o controle. Pena que não fiz isso desde o primeiro dia."

Complicação 4: "Sou um gerente iniciante... ou iniciante com essa equipe."

Finalmente você conseguiu a promoção que estava esperando. Continua trabalhando na mesma equipe, mas agora está no comando. De uma hora para outra, se vê gerenciando pessoas que ainda ontem eram seus colegas e hoje devem tratá-lo como chefe. É comum que os gerentes me perguntem: "Como faço para respeitarem minha autoridade?"

Sempre digo aos chefes recém-empossados: "Lembre-se de que o promovido foi você. Faça jus à promoção." Por mais tentador que seja continuar sendo o parceiro do pessoal, agora você desempenha uma função diferente. Isso não quer dizer que tem licença para agir como um cretino, mas que deve assumir o comando. Não cometa o erro de tentar justificar por que a promoção foi dada a você e não a outra pessoa. Explique apenas como vai se portar nesse novo papel, quais são as suas expectativas e cobre de seus subordinados a responsabilidade de cada um no cumprimento das metas.

Aprendi essa lição com um jovem marceneiro que foi promovido a chefe de uma equipe da qual fizera parte por vários anos. Ele me disse: "Eu não podia permitir que os rapazes usassem isso para me colocar na defensiva. Eles me diziam: 'Ei, Jim. Você sabe como é.' E eu sempre respondia: 'Sim. Sei como é. Já estive no seu lugar e sei que o que estou pedindo é totalmente viável.'" Jim prosseguiu: "Já fiz o trabalho que agora estou gerenciando e posso usar isso para ser um chefe melhor. Tento me lembrar de como era executar o serviço antes. Eu me pergunto: 'Que tipo de recurso teria sido realmente útil para mim nessa situação?' Precisamos usar a nossa experiência para ajudar a equipe a fazer um trabalho melhor."

Quando você é promovido e, de uma hora para outra, se torna o chefe, tem duas escolhas: se comportar de tal forma que seus ex-colegas se perguntem por que o chefe é você e não um deles ou de modo que a resposta seja tão óbvia que ninguém sequer questione isso. Explique que tipo de chefe será. Faça com que saibam como lidará com os negócios. Comunique as regras com clareza: "É assim que vocês terão êxito trabalhando para mim... Vocês receberão o que precisam se fizerem o seguinte..." Considere-os responsáveis pelas próprias ações – associe o desempenho do funcionário a recompensas e punições em cada etapa do processo.

Complicação 5: "Algumas das pessoas que devo gerenciar são meus amigos."

Os gerentes me contam todo dia histórias de atrito com subordinados que, quando chamados à responsabilidade por suas ações, protestam: "Mas achei que fôssemos amigos!" Sugiro a eles que respondam o seguinte: "Então, na semana que vem não vamos lhe pagar, mas eu estava pensando que você poderia trabalhar duro assim mesmo para eu ficar bem com a diretoria – sabe como é, já que somos tão amigos." O que acha que ele diria? "Olha, amigão, não quero ser chato, mas isso aqui é trabalho." E você responderia: "Exato! Também não quero ser chato, mas eu sou o chefe."

É comum que as pessoas fiquem amigas depois que começam a trabalhar juntas. Às vezes, a amizade é anterior ao relacionamento profissional. Seja como for, pode ser difícil separar o papel de chefe do papel de amigo. Mas, de um jeito ou de outro, é preciso fazê-lo.

Primeiro, decida o que é mais importante para você: a amizade ou o cargo de chefia. Aceite o fato de que a função de comando pode comprometer ou prejudicar o relacionamento pessoal. Talvez você chegue à conclusão de que não pode arriscar a amizade e não é possível trabalhar com esse amigo. Mas alguém precisa ser o chefe. Não seria irônico se você recusasse o cargo e seu amigo acabasse sendo o chefe no seu lugar?

Segundo, proteja a amizade estabelecendo regras básicas que separem bem os papéis. Um gerente de restaurante me deu como exemplo o caso de uma grande amiga, com muita experiência, que queria trabalhar no restaurante com ele. Ele a contratou, mas deixou uma regra muito clara: "Nossa amizade é muito importante para mim. Meu trabalho também é muito importante para mim, e aqui eu sou seu superior. Quando estivermos no trabalho, precisarei ser o chefe. Quando estivermos lá fora, tentaremos esquecer tudo isso aqui."

Terceiro, preserve a amizade sendo um bom chefe. Certifique-se de que as coisas estão caminhando muito bem no trabalho. Minimize o número de problemas e você irá minimizar o número de conflitos em potencial na sua relação pessoal. Por mais que se tente manter o trabalho separado da amizade e vice-versa, as fronteiras nem sempre serão muito nítidas. O melhor que você pode fazer é honrar a amizade sendo um ótimo chefe e esperar que seu amigo honre a amizade permitindo que você faça isso da melhor maneira possível.

Complicação 6: "Não tenho autoridade direta sobre certos funcionários, mas mesmo assim tenho que gerenciá-los."
Se você tiver assumido a liderança, digamos, de um projeto de curto prazo, terá que se manter no comando enquanto esse projeto durar. Peça que seu chefe reúna a equipe e explique exatamente qual deverá ser o papel de cada um. Se esperam que você seja o líder, isso deve ficar claro para todos os integrantes.

Há outros casos em que os gerentes dependem de outros gerentes, colegas seus, e não de funcionários que se reportam a eles. Pode ser que o gerente tenha que depender de seus pares dentro da mesma organização. Ou precise gerenciar parceiros em outras empresas ou autônomos para completar um projeto (como o marceneiro que precisa trabalhar com o encanador e o eletricista, que são cruciais para o resultado final mas não estão subordinados ao marceneiro). Algumas vezes, o gerente se esforça para gerenciar um consumidor ou cliente.

Em todos esses casos, você não tem autoridade direta. Sua única opção é usar de sua influência para cobrar a responsabilidade de cada um. Quais são as possíveis fontes de influência ao seu dispor?

Primeiro, valha-se de sua influência interpessoal, ou seja, o peso do seu relacionamento com a pessoa que estiver gerenciando.

Segundo, convença as pessoas usando a racionalidade. Uma gerente de uma grande empresa de serviços financeiros me disse que ela depende todos os dias de pessoas não subordinadas a ela sob nenhum aspecto formal. Assim, ela faz com que atendam à sua lógica rigorosa: "Nunca peço nada sem defender de forma convincente a razão por que aquela ação é necessária. Estou sempre vendendo: 'Você deve fazer isso para mim por este motivo. É por isso que será bom para você, para a sua equipe e a sua empresa... Por isso deveria dar prioridade à minha solicitação... Por isso nenhuma outra coisa deve atrapalhar.' Sei que sou exigente, mas essa abordagem dá certo porque minha lógica os convence de que realmente devem fazer o que estou pedindo."

Terceiro, valha-se da relação de troca. Se chegar a um acordo com uma pessoa, você tem motivos para esperar que ele seja cumprido. Isso tem ainda mais valor no caso de promessas recíprocas. Mesmo que receba unilateralmente uma promessa da outra pessoa, se ela for específica o bastante haverá uma grande pressão para que a pessoa cumpra o que prometeu.

Quarto, pergunte a si mesmo, independentemente de ter ou não autoridade explícita no relacionamento, se há consequências que você pode impor, se há prêmios ou penalidades ao seu alcance.

Complicação 7: "Eu gerencio pessoas que trabalham em áreas sobre as quais não possuo conhecimento ou em que não tenho experiência."
À primeira vista, essa complicação soa estranha. Se o gerente não tem nenhum conhecimento ou experiência e o subordina-

do conhece o trabalho muito melhor que ele, então por que ele é o chefe?

Existem muitas situações possíveis. Às vezes, isso acontece quando as empresas separam as áreas técnica e gerencial. Quem está na área gerencial vai se distanciando mais e mais da formação técnica e ficando enferrujado nesse aspecto. Em outros casos, o gerente pode ter um ou mais membros da equipe que prestam suporte ao restante do grupo, como o "cara da informática" ou o contador. Em alguns casos, o gerente pode ser responsável por uma equipe híbrida, em que cada funcionário atua numa área específica de conhecimento: por exemplo, uma pessoa que trabalha com software, uma que trabalha com hardware, um engenheiro, um contador e alguém do marketing. É quase impossível um gerente ter conhecimento em todas essas áreas. Mas o cenário mais comum é o do gerente que delega uma área de responsabilidade para um funcionário, como uma conta de um cliente ou um processo ou recurso interno e, com o tempo, essa pessoa se torna o especialista interno no que diz respeito àquela responsabilidade.

Como cobrar a responsabilidade dos funcionários diante desse fator complicador? Aprenda. Você não precisa se tornar um especialista no trabalho que essa pessoa faz, mas precisa aprender o suficiente para gerenciá-la. Como fará isso? Aprenda gerenciando-a bem de perto durante um tempo. Observe-a trabalhando. Veja o que ela efetivamente faz e como faz.

Pense em si mesmo como um cliente perspicaz e no funcionário como um profissional que você contratou para prestar serviços. Você não precisa ser médico para ter certeza de que o médico está fazendo um bom trabalho. Tudo bem que não saiba ou não compreenda tudo o que a pessoa está fazendo, mas não é correto permanecer ignorante e se limitar a confiar. Seja um paciente/cliente esperto, seguro e cuidadoso. Faça seu dever de casa para poder formular perguntas de sondagem a cada etapa do processo. Se não entender a resposta, seja sincero. Faça mais perguntas. Não se permita ser jogado para escanteio. Peça uma segunda opinião – e uma terceira. Quando estiver explicitando suas expectativas, concentre-se nos resultados e faça muitas perguntas: "O que, exatamente, você vai fazer? Por quê? Como vai realizar isso? Por quê? Quais são as etapas? O que cada uma exige? Quanto tempo levará? Por quê? Quais são as diretrizes e especificações?" Se as respostas forem vagas, pressione para conseguir mais detalhes. Se forem complexas, peça explicações.

Quando monitorar e avaliar desempenhos, concentre-se nos resultados. Observe o produto do trabalho e continue fazendo perguntas: "Você fez o que disse que ia fazer? Por que ou por que não? Como fez? Quanto tempo levou cada etapa? Por quê?" Novamente, pressione para conseguir mais detalhes e peça explicações. E não se esqueça de fazer perguntas a mais pessoas – clientes, fornecedores, colegas de trabalho e outros gerentes. Recorra a um funcionário que realize trabalho semelhante. Pegue essas segundas e terceiras opiniões sempre que puder. Documente os elementos básicos dessas conversas. Que expectativas foram estabelecidas? De que modo o desempenho acompanha as expectativas? Quando estiver documentando o desempenho, peça que o funcionário especializado lhe diga o que ele acha que você deveria documentar e por quê.

Com o tempo, é claro, você conhecerá melhor o trabalho da pessoa. Talvez nunca se torne um especialista, mas vai aprender mais e mais. Conhecerá os hábitos de trabalho e o histórico do funcionário. Ficará mais apto a avaliar a honestidade, a confiabilidade e a seriedade dele. Será capaz de dizer se a pessoa está nos trilhos ou se perdeu o rumo e de interpretar as conversas que tiver pelo modo como a pessoa fala e pelos tipos de coisas que diz. Sem dúvida, aprenderá o suficiente para ser um bom chefe.

Faça da responsabilidade pessoal algo real

Cabe a você tornar a responsabilidade pessoal algo real. Você é o responsável por esse processo.

- Certifique-se de que os funcionários sabem que deverão justificar suas ações para você, em detalhes e com frequência.
- Associe as ações de cada funcionário a consequências reais – prêmios e penalidades.
- Certifique-se de que seus subordinados saibam, com antecedência, que você vai responsabilizá-los por suas ações, para que possam ajustar seu comportamento antes que seja tarde.
- Concentre-se nas ações sobre as quais o funcionário tem controle.
- Seja o chefe que é conhecido por cobrar a responsabilidade pessoal de cada um.
- Eleve seus padrões.
- Assuma o comando desde o primeiro dia. (Hoje é sempre o primeiro dia.)
- Separe o seu papel de chefe de seus relacionamentos pessoais.
- Se não tiver nenhuma autoridade, use de influência.
- Se não tiver conhecimento, aja como um cliente extremamente perspicaz.

Às vezes, tudo o que você pode fazer é pedir que as pessoas justifiquem ou relatem o que fizeram. Essa responsabilização interpessoal pode ser muito eficaz e é um dos motivos pelos quais é tão importante construir relacionamentos de confiança e lealdade com seus subordinados. Precisará que confiem muito em você quando tiverem que lhe dar uma resposta. O objetivo é fazer com que eles se importem com o que você pensa deles. Faça-os suarem frio se precisarem encará-lo e dizer, depois de ter explicado com clareza o que esperava deles: "Não, eu não fiz isso."

CAPÍTULO 6

Diga às pessoas o que fazer e como fazer

Você vai passar um projeto novo e complexo para um de seus funcionários mais capazes: Sam. Ele tem pouca experiência, mas é muito inteligente e interessado – por isso foi escolhido para esse projeto. Ao entregar a Sam uma enorme pilha de documentos, você diz a ele: "Primeiro, quero que leia todo esse material e comece a ter uma ideia do que temos em mão." Então, fala da origem do projeto, das outras pessoas envolvidas e da meta global. E diz: "Não tenho muita certeza de como deve ficar o resultado final. O que você acha?" Isso os conduz a uma boa discussão, mas você não especifica nenhum produto final concreto. Em vez disso, sugere que Sam consulte uma colega, Barb, que fez um projeto semelhante recentemente. Vocês dois concordam que ele irá chegar a uma conclusão à medida que for avançando. Após meia hora, termina a conversa com Sam informando-o de que esse projeto é prioridade. "Qual é o prazo de entrega?", ele quer saber. Sua resposta: "Assim que conseguir terminá-lo." Quando Sam sai levando sua pilha de documentos, você pede que ele retorne em alguns dias para se certificar de que as coisas estejam progredindo.

É provável que você tenha acabado de preparar uma armadilha para Sam. Certamente assegurou que seu funcionário renda menos do que é capaz de render. Ele terá que gastar dias ou semanas reinventando a roda só para conseguir entender o que o projeto pede dele, para poder enfim definir com clareza o produto final que deverá entregar. E pode ser que entenda errado. Mesmo que entenda corretamente, pode não terminar o projeto a tempo. Afinal, deve existir um prazo de entrega real, que Sam só vai conhecer quando estiver metido até o pescoço no trabalho. Se ele for muito bom e tiver muita sorte, talvez tenha êxito. Mesmo nesse caso, precisará fazer mudanças significativas no produto final. Pode acontecer de existirem especificações importantes das quais Sam não tomou conhecimento em momento algum, fazendo com que as mudanças sejam efetuadas às pressas. Sam questionará: "Por que você não me disse tudo isso desde o princípio?"

Seja qual for o resultado desse projeto, é provável que Sam tenha uma experiência negativa e que o produto final fique aquém do que poderia ser. Mas seria justo considerá-lo responsável pelo próprio desempenho nesse projeto? O gerente falhou ao não lhe dizer, com antecedência, o que fazer e como fazer.

Sem expectativas claras, a responsabilidade pessoal não significa nada

Lembre-se de que o primeiro e mais importante elemento na formação da responsabilidade pessoal concreta é estipular as expectativas com antecedência. Se você é o chefe, sua responsabilidade número um é assegurar, acima de tudo, que cada pessoa sob seu gerenciamento compreenda exatamente o que se espera que ela faça.

É impressionante quantos gerentes protestam: "Eu não deveria ter que dizer aos meus funcionários o que fazer e como fazer. Eles já deveriam saber como realizar seu trabalho." Mas, no momento seguinte, esses mesmos gerentes se queixam de que alguns de seus subordinados não conseguem satisfazer as expectativas com frequência. Como eles podem satisfazer – que dirá exceder – as expectativas se ninguém lhes diz em termos simples e objetivos o que se espera deles?

E ainda assim a maioria dos gerentes hesita em dar ordens. Não querem ficar mandando nas pessoas. Argumentam: "Conversas de mão única não são legais. Prefiro fazer várias perguntas aos funcionários e buscar a contribuição deles. Eu escuto, dou sugestões e tento conduzi-los até a conclusão correta. Mas deixo que cheguem a essas conclusões por conta própria. Às vezes, as pessoas precisam cometer seus próprios erros e aprender com eles para poderem evoluir. Quero que sejam os donos de seus projetos."

É um equívoco dizer que praticar formas erradas de fazer as coisas é um bom modo de aprender a fazê-las da maneira certa. Se um funcionário reinventa a roda todas as vezes, provavelmente gastará boa parte do tempo aplicando e aprendendo técnicas ruins que precisarão ser desaprendidas. O processo de tentativa e erro é útil para resolver um problema novo, não para aprender as melhores práticas. E também não ajuda os funcionários a se sentirem senhores de seu trabalho. Aliás, será que eles realmente são senhores de seu trabalho em algum momento ou são apenas pagos para executar tarefas muito específicas dentro de parâmetros definidos com rigor? Alguma vez cabe mesmo a eles a decisão sobre o que fazer e como? Os funcionários só são *senhores* de seu trabalho – até onde isso é possível – quando o gerente deixa muito claro qual é a função deles.

A verdade é que a maioria dos gerentes adota essa abordagem "facilitadora" de gerenciamento – em vez de uma ostensivamente "prescritiva" – porque é muito mais fácil evitar a tensão e o desconforto de ter que dizer às pessoas exatamente o que fazer.

Mas gerentes de verdade dão ordens. Ordens são simplesmente orientações que devem ser seguidas. Se você não gosta da ideia de dar ordens, pense nisso como um pedido feito a um fornecedor. Imagine que seu funcionário trabalha por conta própria e que você é cliente dele. Toda vez que lhe passar uma tarefa, imagine que está solicitando um trabalho ou estabelecendo um contrato com um fornecedor: todos os termos do pedido foram explicados? Você definiu com exatidão o serviço ou produto – incluindo as especificações e data de entrega – que receberá em troca do pagamento? Se espera que um funcionário faça alguma coisa, precisa dizer isso a ele. Se deseja que ele faça de um determinado jeito, e não de outro, precisa dizer a ele que especificações quer que ele siga.

Se você realmente acredita que é melhor ser um chefe facilitador do que um prescritivo, então precisa ser um facilitador bastante agressivo. Sim, as conversas de gerenciamento devem ser diálogos interativos, o que significa que você deve fazer ótimas perguntas.

- Faça perguntas básicas: "Você é capaz de fazer isso? Tem certeza? O que precisa de mim?"
- Faça perguntas de sondagem: "Como vai fazer isso? Como vai começar? Que etapas pretende seguir?"
- Faça perguntas curtas, focadas: "Quanto tempo essa etapa vai levar? Quanto tempo a outra etapa vai levar? Como está o seu cronograma?"

Até que ponto você deve fazer questão que os funcionários cheguem por conta própria à conclusão correta? Isso depende do tempo livre de que você dispõe. Esteja preparado para esforços infrutíferos durante a conversa. Pense: há tempo para isso?

Peça que um funcionário pense em voz alta sobre como deveria abordar uma tarefa e, em seguida, conduza-o habilmente à conclusão correta o mais rápido possível.

- Ouça com toda a atenção o que o funcionário lhe diz e avalie rapidamente até que ponto ele compreendeu o que a tarefa vai exigir.
- Preste muita atenção às lacunas na abordagem dele.
- Continue pedindo que ele pense em voz alta até que a abordagem imaginada não tenha mais lacunas.

Facilite. Faça perguntas. Busque mais dados. Permita que as pessoas pensem em voz alta. Dê sugestões. Mas nunca se esqueça de que o seu papel é assegurar que todo funcionário saiba, a cada etapa do processo, exatamente o que se espera dele, o que deve fazer e como fazê-lo.

Como manter as expectativas claras se todo dia elas mudam?

Muitos gerentes ficam desconfortáveis com o fato de as coisas mudarem tão frequentemente – como se as mudanças fossem uma prova de que eles não sabem que raios estão fazendo. Os chefes baixam a cabeça quando dizem aos subordinados: "Sei que ontem eu falei que o mais importante era A, B e C. Bem, a partir de agora, essas coisas não importam mais. Desculpem-me por todo o trabalho que começamos a realizar nessa direção. Agora, o mais importante é X, Y e Z."

Não fique sem jeito quando as coisas mudarem de repente. Não foi ideia sua. Quando as prioridades são alteradas, as expectativas passam a ser outras. Isso é apenas mais uma mostra de que explicar às pessoas o que fazer e como fazer é crucial. Afinal de contas, quem vai dizer a cada funcionário:

- Que prioridades tomaram outro rumo e são diferentes hoje?
- No que os funcionários devem se concentrar hoje?
- Quais são as expectativas hoje?

Acho que esse alguém é você. Afinal, você é o chefe.

Concentre-se na tarefa que tem em mãos

Se você já trabalhou no setor de restaurantes, sabe que os funcionários precisam enfrentar um ambiente profissional de alta pressão. Eles estão em constante movimento, apressados, conciliando mais de uma tarefa, e todos trabalham em equipe e dependem um do outro. Como os gerentes de restaurante mantêm o serviço em andamento de forma harmoniosa? Um velho conhecedor dessa área certa vez me disse: "O gerente deve fazer as coisas acontecerem, indo dos fundos para a frente da loja, refazendo o percurso várias vezes, berrando as ordens o tempo todo."

Outra coisa que se deve saber sobre o ramo de restaurantes é que as margens de lucro são pequenas. Como os alimentos são um dos custos que mais variam, é importante controlar essa despesa. Em última instância, isso significa regular o tamanho das porções e o desperdício. Um de meus clientes é uma rede de restaurantes de médio porte que teve um período de crescimento estável e abriu várias filiais em poucos anos. Durante esse período de crescimento, a empresa perdeu o controle sobre as porções servidas. Os novos funcionários nos restaurantes recém-adquiridos estavam sendo generosos demais. As especificações sobre porções já existiam, o problema era que ninguém estava respeitando essas medidas. O executivo-chefe de operações da empresa me disse: "Após alguns meses, vimos que estávamos com um sério problema. Estou falando de milhões de dólares em potencial. Uma tendência que não podíamos tolerar. Precisávamos, de qualquer maneira, controlar o tamanho das porções."

O que eles fizeram? "Traçamos diretrizes mais fáceis de seguir e distribuímos utensílios de cozinha para servir que correspondiam ao tamanho das porções. Mas o que fizemos de mais produtivo foi o seguinte: toda manhã gerentes distritais ligavam para os gerentes gerais de cada restaurante e pediam a eles que respeitassem o controle das porções. Assim, todos os dias, cada gerente geral conversava com o chef e a equipe de cozinha para que se concentrassem nas especificações e no uso dos novos utensílios." Deu certo? "Em questão de dias os custos com os alimentos despencaram", disse-me o executivo.

Siga à risca os procedimentos operacionais padrão

O custo dos alimentos na rede de restaurantes despencou, com exceção do orçamento da torta de carne e do rosbife. Estes não se alteraram. Por quê? "Tanto a torta de carne quanto o rosbife precisam ser cortados na cozinha. A antiga norma dizia que uma porção correspondia a uma fatia de 2,5 centímetros. A nova mantinha a medida e chegava a mostrar uma figura de um corte desse tamanho. Mas os cozinheiros estavam fazendo o corte no olhômetro – e o olhômetro deles era generoso. O resultado era um grande desperdício."

Qual foi a solução? "Conversamos com os chefs dos outros restaurantes que vendiam grandes quantidades de torta de carne e rosbife mas conseguiam manter esses custos abaixo do orçamento. E descobrimos que eles se valiam de um truque: usavam uma espátula de 2,5 centímetros como guia. Simples assim. Percebemos a necessidade de levar para as demais cozinhas essa prática de eficácia comprovada. Precisávamos tornar isso um procedimento operacional padrão."

É impressionante a frequência com que as melhores práticas passam despercebidas pelo alto escalão. As empresas inteligentes estão sempre buscando pessoas experientes na linha de frente que tenham desenvolvido formas mais eficazes de executar determinada tarefa. Quando essas formas são identificadas, tornam-se "práticas de eficácia comprovada". Mas fazer com que todos os funcionários adotem essas práticas constitui outro desafio.

A maneira mais inteligente de fazer isso é converter as práticas em procedimentos operacionais padrão e exigir que sejam seguidos à risca. Algumas empresas se saem melhor nisso que outras.

Um sócio de um escritório de contabilidade coloca a questão desta forma: "Quando tenho que cuidar das contas de alguém, simplesmente uso um livro-razão. Não tenho por que improvisar. O mesmo vale para a realização de uma auditoria. Existem etapas bastante específicas que precisamos seguir nesse sentido. Todos os nossos profissionais sabem disso. Estendemos essa lógica a todo o trabalho realizado aqui na empresa. Temos formulários de controle para tudo. E exigimos que as pessoas os usem."

Um funcionário de uma instituição de pesquisa de armas nucleares faz o seu relato: "Temos obsessão por procedimentos operacionais padrão por aqui. Se deixarmos de aplicar alguma medida, poderá haver um desastre de proporções catastróficas. Mas esse desastre nunca acontecerá, porque ninguém aqui sequer pensaria em se desviar do padrão. Temos métodos passo a passo para cada uma das tarefas em nossas instalações que são seguidos por todos, o que basicamente garante que tudo transcorra sem contratempos." O mesmo rigor é padrão no cockpit de aeronaves e nas salas de cirurgia de hospitais.

Todas as vezes que houver equipes bem treinadas realizando algum trabalho delicado, você verá o uso rigoroso de procedimentos operacionais padrão e listas de verificação, ou checklists. Isso porque esses dois recursos sempre reduzem o índice de falhas, ao mesmo tempo que melhoram a qualidade e a eficiência. Ao exigir que os funcionários adotem esse sistema, você está dizendo a eles exatamente o que fazer e como fazer cada tarefa, além de estar contribuindo para assumirem sua responsabilidade pessoal.

"Vou tatuar isso no seu braço"

Vejamos mais um caso envolvendo o setor de restaurantes. Trata-se de uma história sobre as porções de batatas fritas. Um de meus clientes, uma rede de restaurantes de estilo familiar, com serviço de garçons, serve batatas fritas – normais ou temperadas – como acompanhamento para os pratos principais. Normalmente, se você pede batatas fritas num restaurante e elas chegam frias e murchas, é porque o responsável pela fritura está preparando grandes quantidades de uma vez só. Fritar uma grande quantidade de batatas normais e uma grande quantidade de batatas temperadas pouco antes do horário de maior movimento em geral poupa ao chef metade do tempo de cozinha – um atalho tentador para um cozinheiro que está tentando gerenciar o caos do horário de rush.

O problema é que a maioria das pessoas detesta batatas fritas frias e murchas e costuma mandá-las de volta para a cozinha. Os garçons precisam voltar lá para dentro para pegar mais batatas, mas estas também não estarão quentinhas. Assim, o cliente recebe mais batatas frias e murchas, deixa gorjetas menores e, provavelmente, nem volta ao restaurante.

A solução, de acordo com um gerente experiente, é simples: "Não fritar em grandes quantidades! Se você for o responsável pela fritura, pode estabelecer um ritmo, fritando as batatas à medida que os pedidos vão chegando. Sim, fica bem mais pesado para esse profissional, mas você deve deixar isto bem claro: 'Nós não fritamos grandes quantidades!' Há dois anos, eu disse a um funcionário: 'Vou tatuar isso no seu braço: não frite grandes quantidades!'"

Outro gerente vê a questão desta forma: "Você tem que ficar repetindo feito papagaio: 'Prepare meio pacote, prepare meio pacote, prepare meio pacote.' Pareço um disco arranhado. Mas se vier ao meu restaurante, vai comer batata frita quentinha. Acredito, como gerente, que você precisa fazer o acompanhamento das tarefas o tempo todo. É assim que se obtêm bons resultados." Não fiquei nem um pouco surpreso quando descobri mais tarde que o gerente desse restaurante tinha conquistado os melhores números dentro da empresa ano após ano.

Quais foram as lições aprendidas?

- Transforme as práticas de eficácia comprovada em procedimentos operacionais padrão.
- Ensine os procedimentos operacionais padrão a todos e exija que sejam seguidos à risca.
- Repita feito papagaio os procedimentos operacionais padrão.
- Dê aos funcionários formulários de controle passo a passo sempre que possível.
- Faça o acompanhamento das tarefas o tempo todo.

Toda tarefa possui parâmetros

Alguns cargos exigem que os profissionais assumam riscos e cometam erros, como os trabalhos que envolvem criatividade e inovação. Nesses casos, como é possível dizer aos funcionários exatamente o que fazer e como fazer? Se o trabalho de um funcionário é ser criativo, o maior favor que você faz por ele é esclarecer o que *não* está sob o poder de decisão dele. Diga com todas as letras quais são os parâmetros dentro dos quais ele deve operar. Se não deseja restringi-lo sob nenhuma hipótese – nada de diretrizes nem metas – defina todos os parâmetros que *podem* ser estabelecidos. Existe algum limite de tempo? Ou você vai pagá-lo para ficar fazendo brainstorming para sempre? Como saberá quando ele tiver "terminado"? Como reconhecerá um produto ou resultado final? Se quiser que um funcionário se sinta livre para correr riscos e cometer erros, então o que precisa fazer é deixar isso bem explícito: "Quero que você corra riscos e cometa erros." Talvez seja necessário dizer a ele quantos riscos correr e quantos erros cometer. Talvez não. Mas é essencial definir parâmetros para criar um espaço em que os riscos e os erros possam ocorrer com segurança.

Às vezes, os gerentes passam tarefas ditas "criativas" porque no fundo não têm uma meta clara em mente ou ainda não sabem o que querem. Por isso, pedem ao funcionário que "faça um voo cego", para terem algo para analisar e poderem aproveitar a partir daí. O gerente está usando um subordinado para erguer as bases do processo criativo que ele mesmo deveria ter iniciado. Mas se o papel do funcionário na tarefa não estiver claro, esta pode acabar se tornando uma experiência frustrante. Ele trabalha duro no projeto mas o gerente pede para refazê-lo repetidamente ou até mesmo resolve assumir de vez para concluí-lo. O funcionário sente que seu projeto foi roubado e que seu trabalho e seus esforços foram inúteis.

Mesmo que as metas de uma tarefa sejam incertas, continua sendo fundamental dizer ao funcionário o que *de fato* você sabe sobre ela e que papel quer que ele desempenhe. Informe a ele: "Ainda não sei o que estou procurando, mas quero que você faça um voo cego para eu ter um ponto de partida. Esse projeto é meu e estou pedindo a você que me ajude a dar o pontapé inicial no processo criativo. Preciso que me traga um primeiro esboço, que provavelmente mandarei refazer várias vezes. É possível que em algum momento eu assuma o projeto e o remodele. Essa tarefa precisa ser concluída na data tal. Está preparado?"

Toda tarefa possui parâmetros. Na condição de chefe, você deve articulá-los de forma objetiva e meticulosa – por mais escassos ou vagos que sejam – para que os funcionários compreendam exatamente o que se espera deles.

Microgerenciamento x subgerenciamento

No Capítulo 1, argumentei que o microgerenciamento é, basicamente, um grande fator de distração. Em geral, o que as pessoas chamam de microgerenciamento é, na verdade, um exemplo de subgerenciamento – gerentes que não dizem a seus funcionários o que fazer e como fazer. Mas existem casos em que os gerentes exageram.

Por exemplo, se um gerente fica atrás de um marceneiro e diz a ele: "O primeiro prego entra bem ali. O.k.?" Então ele diz: "O segundo prego entra bem ali." Mas, em seguida, ele pega o martelo e assume a tarefa: "Aí não. Aqui. O.k.? Agora vou pôr o terceiro prego bem aqui." Talvez este seja um caso genuíno de microgerenciamento: um martelo, duas pessoas.

O gerente está usando o funcionário como marionete para realizar a tarefa.

Então, o que é pior: microgerenciamento ou subgerenciamento? Se você tivesse que escolher entre eles, com qual dos dois ficaria?

O que dá errado quando você subgerencia? Surgem incêndios que nunca deveriam ter sido provocados. Recursos são desperdiçados. As pessoas caminham na direção errada durante dias ou semanas a fio antes que alguém perceba. Funcionários de desempenho insatisfatório se escondem de todos e recebem o salário. Funcionários de desempenho mediano acham que têm um rendimento fora do comum. Funcionários de desempenho extraordinário ficam frustrados e começam a procurar outro emprego. E os gerentes assumem várias tarefas que deveriam ter sido delegadas. Além de tudo isso, quando você subgerencia, só descobre esses problemas depois de instalada a crise.

Agora, vamos ver o que acontece quando você exagera e recai no verdadeiro microgerenciamento – um martelo, duas pessoas. O que dá errado nesse caso?

Você irrita seus subordinados.

E não passa disso. A boa notícia é que, se estiver gerenciando excessivamente, é provável que se dê conta disso bem depressa. Nesse momento, bastará dar um passo para trás. Sem estragos. Se eu tivesse que escolher, arriscaria o microgerenciamento.

A propósito, voltemos um pouco à história do marceneiro sobre microgerenciamento. E se for o primeiro dia de trabalho do marceneiro? E se o mestre estiver, na verdade, ensinando ao novo profissional as melhores práticas, dando um pequeno passo de cada vez? Nesse caso, não se trata de microgerenciamento, mas de apoio e desenvolvimento.

Delegar é uma verdadeira arte

Se existe mesmo isso que chamam de microgerenciamento, então, sem dúvida, delegar é o seu antídoto. Alguns gerentes cometem o erro de pensar que delegar é deixar as coisas correrem soltas. Delegar é fazer o trabalho acontecer por meio de terceiros – uma tarefa árdua que exige intensa participação ativa.

Delegar é a verdadeira arte do empowerment, mas trata-se de uma arte bastante trivial: articular com clareza metas, especificações e prazos. Pode se parecer mais ou menos com isto: "Quero que vocês criem uma caixa até terça-feira, às três da tarde. Tem que ser uma caixa de madeira, menor que uma geladeira e maior que um micro-ondas. Não pode ser amarela, embora dourada seja uma opção. (Sabem qual é a diferença entre amarela e dourada?) Essas são as especificações. O resto é com vocês. Entenderam? Vamos deixar anotado, como se fosse uma ordem de serviço."

O segredo para delegar com eficiência é ter uma ideia precisa dos objetivos, das especificações e do cronograma apropriado para cada funcionário em relação a cada tarefa: até que ponto as metas devem ser ambiciosas? Qual é o prazo máximo que podemos estipular? Quantas diretrizes são necessárias para cada meta? Estamos falando o tempo todo de alvos móveis, por isso, o gerente jamais deve pensar que pode simplesmente se retirar de campo. Mesmo os melhores profissionais têm dias ruins ou enfrentam novos desafios que exigem a atenção do gerente.

Eis uma regra simples e útil quando se trata de delegar: comece devagar. Se um funcionário cumprir uma meta pouco ambiciosa com um prazo curto e satisfizer todas as especificações, delegue a ele um projeto de meta mais ambiciosa ou várias metas e um prazo mais extenso. À medida que for demonstrando competência e rendimento, aumente gradativamente o volume e a importância do trabalho, até atingir o escopo de responsabilidade adequado para aquela pessoa.

Quando o funcionário tiver chegado a esse estágio, você pode continuar a delegar poder compartilhando ferramentas de planejamento de projetos com ele. Ajude-o a desenvolver planos de projeto de longo prazo, incluindo pontos de referência ao longo do processo. Tenha conversas de gerenciamento para avaliar o progresso dele. Dê feedback e recomende ajustes a cada etapa do processo. Com o tempo, ele será capaz de conduzir projetos maiores e mais complexos.

Eis a boa notícia: quando você diz a seus subordinados, repetidamente, o que fazer e como fazer, eles começam a fazer o que você quer, do jeito que você quer. Martele os procedimentos operacionais padrão até cansar e forneça checklists passo a passo, e as pessoas começarão a segui-los. Ensine-os a ter hábitos excelentes delegando de forma eficaz, demonstrando que o autogerenciamento exige uma prestação de contas constante: O que se espera de mim? Como está meu desempenho diante das expectativas? O que posso fazer para melhorar? O que tenho que retificar ou ajustar? Ajude cada funcionário a aprender a estabelecer prioridades, expectativas, planos, etapas de ação e cronogramas precisos. Com o tempo, você poderá expandir o escopo de responsabilidade dos que se saírem bem.

CAPÍTULO 7

Acompanhe o desempenho constantemente

Imagine um chefe que acompanhe, no dia a dia, o seu desempenho e o de todos os demais integrantes da equipe. Ele sabe no que você trabalhou antes, no que está trabalhando agora e o que vai fazer em seguida. Um de seus lemas é "Vamos passar isso para o papel". Está o tempo todo tomando notas meticulosas, organizadas e precisas, e faz referência a elas nas conversas posteriores. Aliás, vocês dois se valem tanto desse sistema de acompanhamento para orientar seu trabalho que, quando chega a hora da sua avaliação anual, nunca há surpresas. Estamos falando de alguém que presta atenção aos detalhes. Um chefe poderoso, que atribui corretamente as responsabilidades. Um chefe que você respeita.

Agora, pense num chefe que não acompanha o seu desempenho diário nem o dos demais membros da equipe. Nunca sabe quem está fazendo o que nem por quê. Muitas vezes desconhece até o paradeiro dos seus subordinados. Aliás, parece não saber nada além das informações básicas sobre o trabalho deles. Está sempre por fora. Não consegue atribuir corretamente a responsabilidade de cada um e não é respeitado.

Com qual deles você se parece? Você se interessa pelos detalhes ou está por fora de tudo? Acredito que se encontre no meio-termo, assim como a maioria dos gerentes.

Quando se trata de acompanhar o desempenho dos funcionários, a maioria dos gerentes mantém um registro de itens como horas trabalhadas, impressões pessoais e números importantes que aparecem em relatórios semanais ou mensais. E monitora o desempenho dos subordinados apenas ocasionalmente: quando por acaso os vê em ação, quando recebe o produto do trabalho deles, quando alcançam um grande êxito ou quando se instala um grande problema. Em geral só fazem registros quando são cobrados por isso.

Quanto menos você souber sobre o dia a dia de trabalho do seu funcionário, mais inacessível será como gerente e menos poder terá para:

- Dar direcionamento, orientação, treinamento prático e coaching.
- Identificar a necessidade de recursos.
- Adiantar-se aos problemas e corrigir pequenos erros de rotina à medida que acontecem.
- Minimizar os conflitos entre funcionários.
- Evitar que eles se comportem de forma inadequada.
- Manter todo mundo focado no trabalho.
- Fixar metas e prazos ambiciosos mas justificáveis.
- Estabelecer o escopo de responsabilidade adequado para delegar tarefas.
- Avaliar o desempenho de acordo com as expectativas.
- Atribuir a cada um a responsabilidade pelas próprias ações.
- Motivar os funcionários ao associar de forma justa o desempenho a seus respectivos prêmios e penalidades.
- Impedir que os profissionais de desempenho sofrível ou mediano fiquem acomodados em suas atribuições.
- Evitar que os profissionais de desempenho excelente deixem a empresa.
- Ajudar os melhores a se tornarem futuros líderes.

Conhecimento é poder

Se você é o gerente que "quer saber de todos os detalhes", será respeitado e terá poder, no mínimo pelo próprio fato de acompanhar o desempenho com tanta atenção. Munido do conhecimento sobre cada funcionário e sobre o trabalho que ele realiza, você estará na posição de fazer julgamentos que aumentarão a produtividade, a qualidade e a experiência profissional de seus subordinados. Poderá prepará-los para obter êxito e ajudá-los a aprimorar continuamente seu trabalho e desenvolver suas habilidades. Se tiver que tomar alguma medida punitiva, será capaz de demonstrar que sua decisão se baseia num registro escrito detalhado. Quando chegar a hora de premiar quem apresentou um ótimo desempenho, terá esses relatos para ajudá-lo a validar sua decisão e conseguir recompensas mais generosas.

Reputação tem a ver com credibilidade. Quanto mais as pessoas o reconhecerem como alguém que acompanha todos os detalhes, mais poder você terá – mesmo que não esteja ciente de alguma situação em especial. Isso porque, dessa forma, seus funcionários vão se sentir mais inclinados a partilhar dados com você e responder a suas perguntas de forma completa e honesta. Afinal, eles podem imaginar que você já esteja de posse da informação ou das respostas. Também ficarão mais atentos aos detalhes do próprio trabalho se tiverem como certo que serão examinados. Um líder do setor de inteligência me disse certa vez: "A vigilância externa gera uma autovigilância. Se as pessoas sabem que estão sendo observadas, tendem a tomar cuidado com o que dizem e a agir com muito mais cautela."

O gerente de uma empresa de pesquisa me relatou o seguinte: "Costumo fazer uma verificação aleatória do trabalho de todos os funcionários. Esforço-me para notar os mínimos detalhes do que seleciono como amostra. Por volta de uma ou duas vezes por semana, saliento algum pequeno detalhe do trabalho de cada um. Por exemplo: 'Sabe aquele e-mail que você enviou para fulano às 10h13 da manhã, na última sexta? Tinha um erro na terceira frase. Olha, imprimi uma cópia para lhe mostrar.' Depois que comecei a fazer isso, todo mundo passou a ser muito mais cuidadoso."

Se você quer ser o chefe que se preocupa com os detalhes, precisa de um sistema para documentar diariamente o desempenho. Fazer isso por escrito deixa tudo muito mais claro no relacionamento gerencial. Apenas conversar sobre expectativas e rendimento não é o suficiente. Ao passar os detalhes para o papel você tem a possibilidade de confirmar as etapas do processo com cada subordinado: "Tem certeza de que compreendeu? É isto que estou anotando aqui? Dê uma olhada. Também entendeu assim?"

Fazer um acompanhamento por escrito também é muito importante quando se trata de criar um compromisso psicológico com as expectativas que foram combinadas entre vocês. Quando você diz algo e em seguida passa para o papel, está preservando o que foi dito de forma concreta e tangível. Mesmo quando não existe peso jurídico num documento, existe um impacto que não é desprezível. Ambas as partes partilham um registro que pode ser consultado mais tarde e supera a memória de qualquer pessoa. Além disso, saber que cada expectativa está registrada gera uma pressão grande para fazer jus ao que foi assumido.

Pode acontecer de você e seu subordinado terem lembranças diferentes sobre o que, como e quando foi dito. Ao ter tudo por escrito, você se vale de um documento que desfaz essas divergências. Além disso, seus registros o ajudarão a justificar a concessão de prêmios ou a imposição de penalidades, pois terá como comprovar o desempenho de todos os seus subordinados. Isso é ainda mais importante na eventualidade de uma contestação formal. Quer você esteja enfrentando uma acusação de tratamento injusto ou qualquer outro tipo de queixa, o RH e o departamento jurídico vão querer saber "o que consta nos arquivos". Sua defesa será o registro detalhado e atualizado de todas as suas conversas regulares com cada funcionário.

Fazer o acompanhamento também é essencial para o aperfeiçoamento contínuo do desempenho. A avaliação e o feedback constantes o ajudam a rever suas ordens e orientações e ajustá-las de acordo com a necessidade: "Você fez um ótimo trabalho com A, B e C. Cumpriu todos os itens da lista de tarefas. Seguiu todas as instruções. Respeitou todas as regras. Ótimo trabalho. Agora, vamos conversar sobre D. Nesse caso, você não conseguiu cumprir os itens 3, 4 e 5 da lista de tarefas. Por quê? O que houve? Vamos conversar sobre como fará os itens 3, 4 e 5. E agora vamos falar de E. Nesse caso, deixou passar os seguintes detalhes... Vamos repassar a checklist e conversar sobre como você vai pôr isso em dia."

O funcionário cresce e progride quando suas ações são submetidas a uma avaliação rigorosa e honesta, de forma continuada, e ele é capaz de usar o feedback para se aperfeiçoar e fazer as melhorias necessárias. Para isso, acompanhe o andamento dos processos – e tome notas.

Um grupo de gerentes de vendas com que trabalhei se recusou furiosamente a acompanhar o desempenho de suas equipes de maneira regular e por escrito. Então pedi a eles que descrevessem o sistema que seu pessoal de vendas usava para acompanhar os contatos realizados. Constatamos que eles exigiam que seus vendedores mantivessem registros detalhados, incluindo descrições, datas e horários precisos das conversas, de todas as interações com seus clientes atuais ou potenciais. Por que faziam questão de registros de acompanhamento tão detalhados? "Porque essas conversas são muito importantes", responderam. "Se não mantivéssemos esse controle, nossas ligações de retorno seriam desastrosas. Não seríamos capazes de efetuar nenhuma venda. A capacidade de consultar dados específicos que foram mencionados nas conversas anteriores contribui para o sucesso dos contatos." Em outras palavras, eles precisam que o pessoal de vendas dê total atenção aos detalhes. O mesmo vale para as tarefas fundamentais de todo profissional competente. Imagine um médico ou uma enfermeira ministrando um medicamento a um paciente internado sem tomar nota no prontuário desse paciente, um bancário depositando um cheque sem debitá-lo da conta certa no sistema bancário ou um corretor de seguros que paga prêmios mas não os registra. Todas essas hipóteses parecem absurdas, mas é exatamente isso que os gerentes fazem com seus subordinados o tempo todo ao não documentarem suas interações.

Acompanhe o desempenho monitorando ações concretas

O gerente típico monitora apenas os fatores do desempenho que são fáceis de observar. Ele se concentra de maneira desproporcional em dados como as horas trabalhadas porque basta anotar quando o funcionário chega e vai embora. A interação no trabalho e a personalidade recebem um peso grande porque estão bem diante do nariz do gerente. E existem as planilhas semanais e os relatórios diários que ele recebe por e-mail. Mas todas essas informações não dizem o que os funcionários estão fazendo de fato em sua mesa durante o horário de trabalho. Acompanhar ações concretas exige um esforço muito maior.

"Quando você começa a observar seus funcionários com mais atenção e a levantar questões sobre seu trabalho, descobre uma série de coisas que não sabia sobre o que estão fazendo e de que modo estão fazendo. Descobre o que deveria saber desde o início", me disse um gerente que vou chamar de Jed.

Jed trabalhava numa empresa de pesquisa e gerenciava uma nova funcionária cheia de entusiasmo, Kary, na divisão que cuidava dos informativos enviados por e-mail. No início, Jed trabalhou com Kary para ensiná-la como enviar os informativos. Ela pegou logo o jeito do processo, que era parecido com aquele adotado no jornal onde trabalhara. O problema, no entanto, começou quando Kary teve que aprender algo completamente novo. Em geral, sempre que um informativo eletrônico é enviado, uma porcentagem dos e-mails volta por causa de algum problema na transmissão. Jed explicou a Kary que era fundamental que ela examinasse cada uma das centenas de devoluções e resolvesse o problema com agilidade. "Esse é o tipo de procedimento que deve ser feito toda vez que se envia um informativo, caso contrário nosso banco de dados se desatualiza rapidamente e a porcentagem de devoluções vai subindo sem parar até não conseguirmos mais atingir nosso objetivo", Jed me disse.

"Repassei todo o processo com ela, que pareceu entender tudo. Cheguei a perguntar a respeito toda semana nas reuniões da equipe. Mas cometi um erro fatídico com Kary: nunca verifiquei realmente o trabalho que estava fazendo. Não examinei com atenção o banco de dados para ver se ela estava fazendo alguma alteração nos registros cada vez que o informativo era enviado. Ela era muito competente em todas as outras atribuições de sua função, possuía uma personalidade incrível e uma ótima postura. Não tinha nenhum problema em mandar os informativos ou em adicionar ou excluir assinantes quando eles nos mandavam e-mails com a solicitação. Mas ela nunca chegou a entender de fato o processo dos e-mails devolvidos."

Isso se repetiu por quatro meses, até que Jed ficou preocupado porque Kary estava ficando tempo demais no escritório. "Ela trabalhava 12 horas por dia e parecia exausta. Sua energia e seu moral tinham despencado. Parecia péssima e não abria a boca nas reuniões. Pelo jeito, vários de seus colegas sabiam o que estava acontecendo. Se eu tivesse feito algumas perguntas ao pessoal, teria percebido o problema muito antes. Quando finalmente tive o bom senso de conversar com ela, constatei que havia se atrasado bastante com as devoluções por erro. Ela estava perdida em meio a uma tonelada de registros de devolução e ainda não sabia como aplicar o processo. Só então criei checklists detalhadas para ela com todas as etapas para tentar corrigir cada registro. Desafoguei-a de algumas tarefas e lhe dei duas semanas para trabalhar exclusivamente nisso. Ela tomou nota de quantos itens conseguia resolver por dia e foi avançando. No final, tornara-se uma especialista no assunto. Desde então, ela me passa um relatório depois de enviar cada informativo, dizendo exatamente quantas devoluções recebeu e como resolveu o problema."

Jed concluiu a história assim: "Aprendi uma excelente lição com Kary. Não podemos fazer suposições. Eu deveria ter acompanhado o trabalho dela mais de perto. Deveria no mínimo ter feito mais perguntas."

Existem cinco formas de supervisionar as ações concretas dos seus subordinados.

Observe-os em ação. Observar um funcionário interagindo com um cliente por alguns minutos vai lhe dizer mais sobre o seu desempenho no atendimento do que todas as pesquisas de satisfação do cliente. É por isso que tantas empresas de vendas externas incentivam os gerentes a acompanhar seu pessoal na rua. Assim o gerente pode observar o vendedor em ação. Se você estiver com dificuldades para ajudar alguém a cumprir determinada tarefa, seja a "sombra" dessa pessoa por um tempo. Assim descobrirá exatamente como ela está trabalhando e de que modo poderá melhorar.

Peça um relato. Em toda conversa individual com um funcionário, peça um relato do que a pessoa fez desde a última vez que se reuniram: "Que ações concretas você realizou? Satisfez as expectativas estabelecidas anteriormente?" Então escute com toda atenção, faça seu julgamento e formule mais perguntas de sondagem. Pedir um relato é o método mais eficaz de atribuir corretamente a uma pessoa a responsabilidade por suas ações. Depois prossiga para a discussão dos próximos passos. Se mantiver uma regularidade nas suas conversas de gerenciamento com cada funcionário, esse recurso para supervisionar o desempenho vai fazer parte da sua rotina.

Ajude os funcionários a usar ferramentas de autossupervisão. Para que você possa acompanhar melhor as ações deles, oriente-os a usar ferramentas de autossupervisão como planejamentos de projetos, checklists e diários de atividades. Com isso eles poderão saber se estão cumprindo metas e prazos estipulados num planejamento de projeto, fazer observações nas checklists e se reportar ao gerente a intervalos regulares. Diários de atividade são relatos dos funcionários sobre o que fazem o dia todo, incluindo os intervalos e interrupções. Sempre que passarem para uma outra atividade, deverão tomar nota da hora e da nova atividade que estão iniciando.

Verifique regularmente o trabalho em andamento. Verifique com toda a atenção o trabalho de seu subordinado ao longo do processo. Por exemplo, se ele administra um banco de dados, faça uma inspeção nos registros. Se prepara relatórios, examine-os antes de ficarem prontos. Se faz ligações, grave-as e ouça uma amostra aleatória. Se cria novos produtos, inspecione alguns semiprontos e veja se estão ficando bons. Você não pode acompanhar tudo o que cada funcionário faz, mas pode realizar, com alguma regularidade, inspeções em amostras colhidas ao acaso.

Faça perguntas. Colete informações. Faça perguntas a clientes, fornecedores, colegas e outros gerentes sobre as interações deles com funcionários específicos. Pergunte sempre sobre o trabalho do funcionário, nunca sobre aspectos pessoais. Não peça avaliações, mas descrições. Não peça impressões, mas detalhes. E não acredite em tudo o que ouvir – as declarações não comprovadas de terceiros não passam de rumores. Mas quanto mais você mantiver um ouvido atento, mais saberá que fontes merecem confiança.

O que é avaliado e o que *deveria* ser avaliado?

Por que é tão comum que gerentes e subordinados achem o processo de avaliação inadequado, incompleto, injusto ou simplesmente arbitrário? Porque em geral as avaliações não conseguem mensurar com exatidão o verdadeiro desempenho do funcionário nos últimos 4, 6 ou 12 meses. Ao longo do ano, os gerentes raramente fazem uma avaliação minuciosa e continuada das ações concretas de cada funcionário em relação às expectativas definidas. Quando o RH lhes pede essas avaliações, eles se atrapalham tentando elaborar análises superficiais de uma hora para outra. Quantas vezes ouvimos gerentes pedindo aos seus subordinados que elaborem um "primeiro esboço" da avaliação para dar a ele algo sobre o que trabalhar – e rápido, porque o prazo está se esgotando?

Para avaliar o desempenho com precisão, os gerentes precisam observar as ações concretas que cada funcionário realiza todo dia para fazer seu trabalho e depois relacioná-las com as expectativas que foram definidas de antemão. Num processo contínuo, devem fazer as três perguntas que se seguem:

1. O funcionário cumpriu todas as metas estipuladas? Realizou todas as tarefas que lhe foram passadas?
2. Ele completou suas tarefas de acordo com as diretrizes e especificações fornecidas? Seguiu os procedimentos operacionais padrão?
3. Cumpriu os prazos que foram fixados?

Se você vem monitorando, avaliando e documentando as ações concretas de seus funcionários regularmente, para responder a essas perguntas basta um resumo do que foi registrado em seu acompanhamento periódico. Esses são os dados mais importantes sobre o desempenho efetivo. É claro que você também terá à sua disposição uma enorme quantidade de dados na forma de relatórios diários, semanais, quinzenais ou anuais, detalhando todo tipo de informação de rendimento – de comparecimento a horas trabalhadas, queixas de clientes, dados de vendas e assim por diante. Sim, você também deve usar esses recursos. Mas quando consultar os relatórios, estude os números em profundidade e certifique-se de que sabe exatamente até que ponto eles refletem as ações concretas, reais, que estavam sob o controle do funcionário. O que esses números realmente lhe dizem sobre o desempenho efetivo de cada um?

Por exemplo: à primeira vista, o número de vendas parece ser uma forma objetiva e simples de monitorar o desempenho dos vendedores. Mas nem sempre é o caso. Por exemplo: o vendedor 1 está oferecendo um produto que não é conhecido no mercado, e, além disso, trabalha com uma lista de clientes que não são prováveis compradores do produto. Enquanto isso, o vendedor 2 dispõe de um produto com uma ótima reputação e é responsável por uma lista qualificada de prováveis compradores. Certamente os números do vendedor 2 serão bem melhores que os do vendedor 1, mas por razões que estão além do controle de ambos. Nesse caso, o número de vendas não oferece informações suficientes para avaliar adequadamente o desempenho desses dois funcionários.

O que fazer, então, para chegar a uma avaliação justa? Você poderia começar verificando o número de chamadas que cada um faz diariamente. Pelo menos essa é uma ação que está sob o controle do vendedor. Mas nem mesmo isso vai lhe dizer muito sobre a qualidade do trabalho dele. Para isso, você deve avaliar *como* cada pessoa se sai nos telefonemas. O vendedor ouve com atenção e evita interromper? Ele se atém ao roteiro predeterminado? Reage bem diante das perguntas? Conduz a conversa para um desfecho? São essas as questões que devem ser levadas em conta. Às vezes, a única forma justa e precisa de avaliar o desempenho de um funcionário é exercer a sua capacidade de julgamento como gerente.

Documente o desempenho

A maioria dos gerentes não costuma documentar o desempenho, a não ser que isso seja exigido deles. Ainda assim, durante o andamento normal do trabalho, é comum que acumulem uma série de registros como anotações, relatórios, avaliações de produto final e, sobretudo, correspondência por e-mail. As mensagens de e-mail, aliás, podem ser a única forma pela qual muitos gerentes documentam os detalhes do desempenho de um funcionário no dia a dia. Quer eles percebam ou não, quando usam o e-mail, esses gerentes estão criando registros detalhados e atualizados, por escrito, para deixar expectativas claras, avaliar trabalhos em progresso, elogiar ou criticar subordinados. Mas a maior parte do "arquivo" formal sobre um funcionário compreende avaliações trimestrais ou anuais, planos de desenvolvimento, conceituações, números, talvez indicações ocasionais para bônus e prêmios, e, é claro, todas as anotações formais de conduta imprópria ou desempenho insatisfatório crônico.

Acontece também de os gerentes documentarem rigorosamente o desempenho apenas quando um de seus funcionários apresenta problemas sérios. Um executivo sênior de recursos humanos explica: "Em geral, o gerente vem até nós quando quer tomar algum tipo de medida disciplinar contra alguém. A pessoa do RH então pergunta ao gerente: 'Há quanto tempo isso vem ocorrendo?' Quase sempre se trata de um problema antigo. 'Você tem documentado o que aconteceu?' A resposta normalmente é negativa. O problema se repete há três anos e o gerente não tem nenhum tipo de registro, por isso o RH não pode fazer muito para ajudá-lo. Em vez disso, oferecemos ao gerente um processo formal de documentação que lhe permitirá cumprir as nossas exigências para tomar uma medida disciplinar. O processo inclui uma planilha com campos de data e hora para registrar solicitações e advertências verbais, assim como um controle para advertências por escrito. Depois da segunda advertência por escrito, o gerente pode pôr o funcionário naquilo que chamamos de PAD."

PAD significa plano de aprimoramento do desempenho. Os PADs são muito comuns no universo dos recursos humanos. É considerado um processo punitivo disciplinar que normalmente se segue a certo número de advertências verbais ou por escrito. Funciona da seguinte maneira: o gerente e o subordinado, juntos, definem expectativas e elaboram um plano com tudo o que o funcionário precisa fazer para melhorar seu desempenho. As metas são desmembradas em pequenos passos e listas de tarefas a cumprir com prazos rigorosos, e suas diretrizes e parâmetros são definidos abertamente. Toda semana – em alguns casos, todo dia – o gerente deve monitorar o desempenho do funcionário de acordo com o plano e registrar regularmente se ele está atendendo às expectativas.

Em suma, o processo punitivo disciplinar padrão para profissionais com graves problemas de desempenho obriga o gerente a fazer *o que deveria estar fazendo durante todas as etapas do processo*! Não surpreende que o PAD apresente 50% de eficácia. O PAD padrão é a própria aplicação dos fundamentos do gerenciamento. Se funciona tão bem com funcionários que apresentam um histórico de problemas graves, imagine como funcionaria com aqueles que já estão se saindo muito bem.

Ponha toda a equipe no PAD. Batize-o com outro nome se quiser. Ele não deve ser usado como advertência, castigo ou forma de mostrar a porta de saída. Deve ser um procedimento operacional padrão para todos. O PAD padrão tem formato perfeito para documentação: o gerente registra por escrito as expectativas em relação a cada funcionário no início da semana, então monitora e documenta minuciosamente até que ponto as ações dele estão satisfazendo essas expectativas.

Crie um sistema simples, que seja fácil de manter

Alguns gerentes usam um caderno ou diário no qual tomam notas de gerenciamento todos os dias. Para cada registro, escrevem o nome do funcionário, a data e a hora, além de um relato do acompanhamento do desempenho. Com o passar do tempo, você pode achar útil criar um modelo personalizado que corresponda a tarefas e responsabilidades específicas.

Outros gerentes usam um software para gerenciar relacionamentos mediante a criação de um registro eletrônico. Você só precisa de um banco de dados e de um programa de organização pessoal que o permita criar registros de informações para cada subordinado. Em cada registro, deve haver espaço para as anotações. Desse modo, sempre que tomar notas, elas ficarão gravadas eletronicamente, e a data e a hora serão anexadas de forma automática. Alguns gerentes fazem absoluta questão de copiar e colar e-mails estratégicos trocados com funcionários e mantê-los na seção de notas das fichas no diário eletrônico.

Independentemente de usar um bloco de notas ou um software, você deverá registrar certos tipos de informação, que são essenciais.

Expectativas. Metas e exigências comunicadas. Instruções ou listas de tarefas. Procedimentos operacionais padrão, regras e diretrizes. Prazos fixados.

Ações concretas. Registre por escrito apenas fatos observáveis. O que você observou o funcionário fazer? O que ele diz quando perguntado sobre o que acha do próprio desempenho? O que as ferramentas de autoavaliação dele revelam? O que o seu acompanhamento constante do produto do trabalho lhe diz? Que retorno você recebe quando faz perguntas a outras pessoas sobre as ações do funcionário em questão?

Avaliações. Até que ponto as ações estão compatíveis com as expectativas? O funcionário satisfez as exigências feitas? Ele seguiu as instruções, os procedimentos operacionais padrão e as regras? Atingiu as metas dentro do prazo?

Cuidado com o que você anota

Quando estiver tomando notas, lembre-se de que está criando um registro atualizado que pode se tornar um documento-chave para resolver conflitos com um funcionário. Nunca faça qualquer tipo de descrição da pessoa – descreva o seu desempenho. Não escreva que determinado funcionário é lento, incapaz, inadequado. Escreva que ele não satisfez as metas estipuladas segundo os prazos fixados ou que deixou de cumprir os itens A, B e E da lista de tarefas. Nunca use adjetivos ou rótulos em pessoas – imaturo, burro, preguiçoso, etc. – e nunca identifique um comportamento usando um qualificativo. Em vez disso, descreva-o objetivamente.

Quando devemos documentar o desempenho?

Documente o desempenho de seus funcionários durante todas as etapas do processo.

Antes de se sentar com um funcionário para uma conversa, consulte as anotações que você fez da última vez. Sobre que aspecto do desempenho conversaram? Que expectativas foram acordadas entre vocês? Em seguida, pergunte a si mesmo: por que preciso conversar com essa pessoa hoje? O que preciso conversar com ela? De que modo? Quando? Onde? Tome notas para si mesmo como forma de se preparar para a reunião. Esboce o terreno que deseja cobrir: a respeito de que ações deseja fazer perguntas? Quais são os próximos passos que planeja preparar? Que expectativas quer fixar dali para a frente? Durante a conversa propriamente dita, peça que o funcionário lhe faça um relato de suas ações e em seguida comunique suas expectativas e os próximos passos. Tome notas imediatamente após a conversa – se necessário, durante ela. Entre uma reunião e outra, nunca deixe de anotar tudo o que tiver alguma consequência relacionada ao desempenho do funcionário, como algo que deseja mencionar da próxima vez.

Nem sempre é possível, prático ou necessário mostrar seus registros escritos para seus subordinados. Mas, se puder, o fato de ele saber exatamente o que você está escrevendo gera clareza sobre as expectativas, reforça os detalhes e as diretrizes da tarefa e aumenta as chances de o funcionário se comprometer a cumprir as metas. Mostrar a ele suas anotações no mesmo momento em que as realiza também possibilita a oportunidade de corrigir de imediato qualquer mal-entendido. Alguns dos melhores gerentes que conheço pedem que seus funcionários mantenham suas próprias agendas paralelas. Enquanto toma suas notas, o gerente pode dizer: "Estou escrevendo isso. E você? Estamos de acordo?"

Quando você realmente acompanha o desempenho com atenção, o funcionário dificilmente tem como falhar

Um executivo de recursos humanos me disse há pouco tempo: "Quando ficamos sabendo que um gerente está realmente documentando o desempenho de seus subordinados nós vibramos! Gritamos: 'Olha, conseguimos um! Temos um gerente que documenta o desempenho!' Isso mostra como se trata de algo raro. Se todo gerente mantivesse cada funcionário sob um PAD o tempo inteiro, nosso trabalho seria muito fácil", diz esse executivo. "Mas se todo gerente mantivesse cada funcionário sob um PAD o tempo inteiro, no final das contas isso também facilitaria o próprio trabalho. Quando você realmente acompanha o desempenho com atenção, o funcionário dificilmente tem como falhar." E se falhar, "você conseguirá fazê-lo voltar ao rumo certo no mesmo instante".

CAPÍTULO 8

Resolva os pequenos problemas antes que eles se agravem

Você detesta entrar em conflito com os funcionários, pois acha que isso só piora as coisas. Evita dar um feedback negativo a não ser que seja absolutamente imprescindível. Quando surgem pequenos problemas de desempenho, você não parte com tudo para cima da pessoa. Em vez disso, apenas alude a um problema, fazendo sugestões na esperança de que ela entenda a deixa e corra atrás para melhorar a situação. Outras vezes, se a questão parece mais ou menos desprezível, você faz vista grossa. É verdade que alguns funcionários tiram proveito disso, mas mesmo assim você hesita em pegar pesado porque não quer fazer uma cena.

Os temidos conflitos

O gerente do tipo que evita interferir basicamente finge que não vê os problemas de desempenho. Mas problemas sempre surgem, e quando não podem ser mais varridos para debaixo do tapete, o tão temido conflito é inevitável.

Sem conversas de gerenciamento bastante diretas e objetivas, com regularidade diária ou semanal, o gerente não tem um terreno propício para apresentar ao funcionário avaliações e feedback regulares – positivos, negativos ou neutros. Em vez de os problemas serem atacados de modo firme e continuado, eles são enfrentados numa conversa difícil que se quer evitar a todo custo. Quando chegam a ser encarados ainda no início, isso é feito com pulso fraco e de modo superficial, o que significa que provavelmente voltarão a surgir.

E quando o problema se repete, é provável que não seja detectado, seja ignorado de novo ou mais uma vez enfrentado, talvez da mesma maneira insatisfatória, contribuindo para que ressurja a qualquer momento. Às vezes, pequenos problemas que voltam incessantemente fazem com que os gerentes acabem estourando num acesso de frustração e raiva. Outras vezes, se tornam parte integrante do ambiente de trabalho. Mas alguns pequenos problemas saem do controle e se agravam.

Quando a maioria das conversas sobre aprimoramento do desempenho finalmente começa a acontecer, quase sempre é tarde demais para que o gerente possa fazer algo de efetivo. Porque resolver um problema depois que ele já degenerou e assumiu grandes proporções é muito mais difícil do que evitar o seu surgimento ou resolvê-lo quando ainda é pequeno. Muito tempo e energia precisam ser gastos para arrumar a bagunça e restaurar a ordem. Para completar, se as pessoas têm que lidar com um problema já instalado, nunca podem dar o melhor de si, porque a situação é urgente e acaba deixando todo mundo estressado, frustrado e com pressa. De fato, existem muitos gerentes que só enfrentam os problemas depois de se aborrecerem. E, é claro, as conversas a esse respeito se tornam explosivas.

Além de tudo isso, os funcionários muitas vezes se sentem agredidos quando confrontados com uma avaliação negativa do seu comportamento. A conversa com o chefe muitas vezes é um choque que chega sem aviso prévio, sobretudo quando o desempenho em questão é um problema antigo. É provável que o funcionário diga, ou pelo menos pense: "Estou fazendo isso já há alguns dias (semanas ou meses), por que só agora você está me criticando? Por que não conversou comigo antes para que eu não incorresse nos mesmos erros?"

É comum que os gerentes comecem a duvidar de si mesmos: "Conheço todos os fatos? Deixei as expectativas claras o bastante? Estou sendo justo?" Além disso, como nem o gerente nem o funcionário estão acostumados a conversar sobre desempenho, nenhum dos dois faz isso muito bem. É claro que será difícil. A maior parte das conversas sobre aprimoramento do desempenho está fadada ao fracasso antes mesmo de começar.

Muitas vezes elas são seguidas de horas de tentativas de conserto, trabalho de salvamento e faxina para fazer as coisas entrarem novamente nos eixos. Em geral, é isso que os gerentes querem dizer quando falam que gastam todo seu tempo de gerenciamento "apagando incêndios, resolvendo pendências", ficando desse modo atrasados no trabalho "de verdade". Depois de resolver um problema de desempenho que nunca deveria ter se tornado tão urgente, o gerente típico se convence de que não tem mais tempo para dedicar a outras questões de gerenciamento. Ele volta a seu antigo hábito de não interferir em nada, esperando pela próxima crise desnecessária, quando terá que entrar em ação às pressas mais uma vez.

Enquanto isso, o funcionário tende a se sentir desmoralizado. Fica magoado. Pode ser difícil passar a borracha e ficar novamente satisfeito com o trabalho e com o gerente. Não raro, volta tudo ao normal. Mas, às vezes, sobretudo depois de uma crise entre um gerente e seu subordinado, a situação só se deteriora. O desempenho do funcionário pode despencar.

Você quer resolver os problemas de desempenho dos funcionários? Quer detectá-los com facilidade para dizer a seus subordinados quando e de que modo precisam melhorar? Em caso afirmativo, você precisa se antecipar e evitar a reincidência resolvendo pequenos transtornos sempre que surgirem. Se você se dedicar o tempo todo a isso, 9 entre 10 problemas de desempenho serão resolvidos rápida e facilmente, ou até evitados por completo. Na maioria dos casos, até mesmo dificuldades de longa data serão eliminadas pelo remédio fulminante de um gerenciamento forte, persistente e implacável.

Resolva um pequeno problema de desempenho de cada vez

Por menor que seja, nenhum problema deve ser negligenciado. Pequenos problemas, frequentemente, seguem piorando até ficarem enormes. Muitas vezes os gerentes têm medo de ser excessivamente críticos. "Afinal, todo mundo comete erros", eles dizem. "Se detectamos um pequeno problema que não tem probabilidade de se repetir, dar atenção a ele não seria mais prejudicial do que benéfico?" Só será mais prejudicial se dermos atenção a pequenos problemas e ao mesmo tempo negligenciarmos detalhes importantes (incluindo os pequenos êxitos).

Se você conversar regularmente com os funcionários sobre detalhes do trabalho, falar sobre pequenos problemas – sejam quais forem – será algo bastante natural. Resolver essas questões deve ser parte do seu diálogo constante com eles. Nesse contexto, a preocupação com os mínimos detalhes é algo positivo. Passa o recado de que um desempenho extraordinário é a única opção, que os detalhes importam e que você está prestando total atenção. E ao deixar a pessoa ciente do pequeno problema, você estará facilitando a vida dela, pois ela poderá agir imediatamente para consertá-lo, além de evitá-lo no futuro. Com o tempo, estará fazendo a ela o favor adicional de ajudá-la a se tornar mais atenta aos detalhes.

Não estamos falando de perfeccionismo. Perfeccionismo é o medo paralisante de completar uma tarefa que se disfarça na busca por um padrão de qualidade irreal. Detectar pequenos problemas tem a ver com o aprimoramento constante. Avaliações e feedback frequentes ajudam a reconsiderar e redefinir suas ordens. O funcionário, por sua vez, também reconsidera e redefine seu desempenho.

Quando diagnosticar um problema de desempenho, sua primeira preocupação, durante as conversas de gerenciamento, deve ser apontar as soluções concretas.

Se um funcionário se atrasa com frequência, não diga para ele parar de chegar tarde. Diga para ele começar a chegar na hora. Converse com ele antes que tenha a chance de se atrasar outra vez. No final do expediente, lembre a que horas, exatamente, deve chegar no dia seguinte. Pergunte se ele está se organizando direito de modo a chegar ao trabalho no horário.

No caso de um funcionário não estar conseguindo satisfazer os padrões de qualidade, não diga a ele para parar de negligenciar os detalhes e de ignorar as especificações. Dê a ele uma checklist de todo detalhe e especificação necessários para fazer o que é certo. Converse sobre a questão com antecedência. Peça que ele siga a checklist e verifique item por item.

Caso tenha um funcionário lento demais, estabeleça um mínimo realista de tarefas a serem cumpridas por hora ou estabeleça prazos sensatos para tarefas imediatas, com etapas a cumprir ao longo do cronograma. Sugira que ele trace um limite de tempo para completar cada tarefa e se mantenha fiel a ele.

Muitos dos problemas de desempenho mais preocupantes parecem vagos e, portanto, difíceis de ser solucionados por meio do gerenciamento do funcionário. Como se diz a uma pessoa, por exemplo, para ela melhorar seu humor? Se você quiser que o humor piore ainda mais, experimente dizer a alguém com esse problema que ele é mal-humorado. Não faça isso. Não ajuda em nada "rotular" um comportamento se o objetivo é fazer a pessoa mudá-lo. Em vez disso, descreva-o objetivamente.

Em vez de dizer: "Você está mal-humorado hoje e isso é um problema", tente dizer algo como: "Você chegou às 9h15 da manhã. Em vez de fechar a porta calmamente, você a bateu com força, fazendo barulho. Em seguida, disse num tom de voz bastante alto: 'Que saco!' Depois disso, foi batendo os pés até a sua mesa." Por fim, faça a ponte entre esse comportamento e resultados concretos no trabalho: "Isso desvia a atenção das outras pessoas. Faz com que seus colegas, incluindo eu, prefiram não falar com você mesmo quando precisam da sua ajuda."

E então descreva o comportamento que você deseja ver nele: "Amanhã, por favor, chegue às 9 horas. Quando abrir a porta, não a bata com força, mas segure-a pela maçaneta e feche-a devagar. Procure sorrir e falar baixo. Caminhe suavemente. Se sentir necessidade de dizer algo negativo, morda a língua. É assim que eu quero que você chegue ao trabalho amanhã e todos os dias. Vamos fazer disso um procedimento operacional padrão."

E se um de seus funcionários não tiver paixão ou entusiasmo pelo trabalho? Envolva-o mais profundamente no projeto e ensine novas habilidades a ele. Vale a pena lembrar que são poucas as pessoas que já chegam apaixonadas ou entusiasmadas para começar qualquer coisa. A maioria precisa realizar o serviço durante um tempo antes de sentir algum entusiasmo. Além disso, em geral não é o que fazem que as deixa estimuladas, mas *como* fazem. Quando as pessoas fazem algo com determinação e atenção, é possível ter prazer no trabalho. Também ajuda quando seu trabalho é valorizado pelos superiores.

No caso de um funcionário que não toma iniciativa, dê a ele uma lista detalhada de "tarefas extras" para evitar o tempo ocioso. Quando a pessoa não sabe muito bem o que fazer depois de ter terminado seu serviço básico, é comum que não tenha iniciativa. Com essa lista, você estará eliminando a dúvida.

Se um funcionário não consegue assumir suas responsabilidades de maneira satisfatória, tomar decisões difíceis ou resolver problemas na hora em que surgem, dedique especial atenção a essa pessoa e trabalhe lado a lado com ela para desenvolver ferramentas de decisão e ação. Converse sobre todas as circunstâncias que for capaz de prever. Para cada uma, indique ações bem simples e objetivas: "Se acontecer A, faça X. Se acontecer B, faça Y. Se acontecer C, faça Z", e assim por diante.

O que fazer com um funcionário que faz muito bem o seu trabalho, mas nunca nada além da obrigação? Fale sobre o aspecto mais abrangente das tarefas. Explique exatamente como seria ir além da obrigação e certifique-se de que ele compreenda o que isso pode render para ele: "Se você fizer algo mais hoje, realizando A, B e C, vou poder recompensá-lo mais adiante das seguintes maneiras..."

Você ficará impressionado com o número de questões aparentemente vagas que podem se tornar bastante concretas quando deixamos as expectativas bem claras. Ao insistir num gerenciamento mais próximo, você pode ajudar a implementar uma mudança mais efetiva e relevante em algo tão vago quanto problemas de comportamento, falta de entusiasmo ou de vontade de fazer mais do que a mera obrigação.

Conflitos entre funcionários

Um dos problemas de desempenho mais difíceis que os gerentes costumam enfrentar são os conflitos entre funcionários, cujas causas podem ser bem variadas. Às vezes, as pessoas simplesmente não gostam uma da outra. Outras vezes, as queixas são reais, tanto pessoais como profissionais.

Você não pode arbitrar cada discussão, mas pode tornar esses desentendimentos bem menos frequentes sendo o tipo de chefe que mantém seus subordinados concentrados na realização de suas tarefas. Se estiverem ocupados com o trabalho, eles terão menos tempo para confrontos. Quando estiver realizando seu gerenciamento diário, explicitando suas expectativas e monitorando o desempenho, será menos provável que os funcionários se ocupem uns dos outros e mais provável que se preocupem em realizar o próprio trabalho. E quanto mais concentrados estiverem nas atividades que têm em comum, maiores serão as chances de cooperarem entre si. Se você estiver a par de todos os detalhes, quando um conflito acabar se instalando saberá o que faz sentido ou não em relação a cada pessoa, o que soa mais verdadeiro ou forçado. Estará numa posição mais vantajosa para avaliar e tomar as decisões adequadas.

Se determinados funcionários sempre se desentendem, faça o possível para mantê-los afastados, trabalhando em áreas ou turnos diferentes. Se alguns têm tendência a entrar em conflito, discuta o assunto em suas conversas regulares com eles. Explique de que modo o problema pode ser evitado e como interagir de forma positiva com os colegas. Diga-lhes como se expressar para que suas interações transcorram com tranquilidade.

Se os conflitos entre funcionários forem frequentes demais, descubra a razão para isso. É bem provável que você seja parte do problema. Se não estiver fazendo a sua parte, os funcionários culparão uns aos outros pelos problemas que surgirem, e ressentimentos serão criados porque não haverá a devida responsabilização. Quanto mais firme for a sua postura, menos espaço haverá para grande parte desses desentendimentos. Mas talvez não tenha a ver com você. A razão pode estar na maneira como a sua equipe trabalha. O grau de interdependência está alto demais e os membros da equipe precisam excessivamente uns dos outros? Os procedimentos operacionais padrão estão atuando para assegurar que essa interdependência flua sem sobressaltos? Faça o que estiver ao seu alcance para eliminar ou melhorar aspectos do processo de trabalho e reduzir conflitos desnecessários.

Quando os problemas persistem

Alguns problemas permanecem sem solução mesmo quando você os ataca de forma agressiva e firme. Faça uma parada estratégica e pergunte-se se está deixando algo passar. Você diagnosticou corretamente o problema? Precisa olhar para ele de outro ângulo? A essa altura do campeonato, quase todos os problemas recaem sobre uma ou mais destas três categorias: capacidade, preparo ou vontade.

- Se o problema for capacidade, os pontos fortes de seu funcionário provavelmente não estão à altura de algumas ou de todas as suas tarefas e responsabilidades. Se for esse o caso, sua melhor opção é substituir essas atribuições por outras mais adequadas a ele. Se não tiver como fazer isso, encare o fato de que tem a pessoa errada para o trabalho.
- Se o problema for preparo – um funcionário não tem o conhecimento, não domina as técnicas ou não possui as ferramentas ou os recursos necessários – é seu dever garantir que ele tenha o que precisa para alcançar o êxito. Identifique as deficiências e ofereça treinamento ou os meios adequados. Se não tiver como fornecer o que ele precisa, sua responsabilidade é trabalhar com ele para

- encontrar um modo de avançar o máximo possível sem outros recursos.
- O problema mais difícil de resolver é a motivação – a vontade de trabalhar. Cada pessoa é única, portanto, coisas diferentes motivam pessoas diferentes. Mas no caso de problemas crônicos de desempenho, a verdadeira questão é: "O que desmotiva uma pessoa?"

Às vezes, um funcionário tem uma questão pessoal, talvez um traço de personalidade que não vai mudar. Pode ser que tenha efetivamente uma patologia física ou psicológica que exija o auxílio de um terapeuta treinado ou de um médico. Se você tem um funcionário que está tendo um desempenho insatisfatório por conta de um problema pessoal, sua única opção é encaminhá-lo para o RH a fim de que possa receber ajuda profissional. Você não é médico, nem psicólogo, nem um amigo íntimo. No trabalho, você precisa ser o chefe. Às vezes, essas questões podem ser muito delicadas e precisam ser tratadas por alguém preparado para lidar com elas.

O mais frequente, porém, é que um funcionário esteja desmotivado no trabalho por razões externas. Talvez haja algo que ele queira e não esteja conseguindo – melhores condições de trabalho, horários mais flexíveis, o direito de escolher com quem vai trabalhar ou que tarefas fará. Existe alguma necessidade ou vontade da qual você possa tirar proveito para incentivar essa pessoa a começar a trabalhar com mais eficiência?

Preparando-se para uma conversa difícil

Depois de diagnosticar um problema crônico de desempenho, é preciso elaborar um plano para uma intervenção dirigida.

Primeiro, repasse as anotações das conversas de gerenciamento que já teve com ele. Certifique-se de estar de posse de todos os detalhes pertinentes: as datas e os horários em que o funcionário deixou de tomar atitudes específicas para satisfazer expectativas que você estipulou. Segundo, reflita sobre a sua participação no problema de desempenho do funcionário: tem certeza de que tentou, atenciosa e meticulosamente, ajudar essa pessoa a melhorar? Deixou as expectativas bem claras a cada etapa do processo? Monitorou e avaliou tudo com justiça e exatidão o tempo todo? Deu a essa pessoa todas as oportunidades para evoluir? Documentou tudo isso de forma inequívoca? Antes de ir em frente, consulte um aliado (ou conquiste um) no RH. Certifique-se de que está seguindo os procedimentos corretos antes de implementar essa intervenção sobre o desempenho.

Se já discutiu antes sobre o problema e fez tudo ao seu alcance para ajudar a corrigi-lo, essa conversa não deverá surpreender o funcionário. Mas você ainda precisa se preparar cuidadosamente. Elabore um roteiro para se manter no rumo certo. Pense com antecedência nas possíveis desculpas que ele pode dar para justificar o mau desempenho. É provável que, a essa altura, você já tenha escutado todas. Preparando-se desse modo, poderá ter uma abordagem proativa diante das desculpas e atacá-las antes que a pessoa torne a apresentá-las.

Durante a conversa, faça questão de:

- Deixar bem claro que vocês estão se reunindo para conversar sobre um problema.
- Falar usando termos diretos para que a pessoa saiba que o fato de não ter conseguido melhorar o desempenho é inaceitável.
- Apresentar os fatos de acordo com a forma como foram documentados e ser o mais específico que puder.

- Apresentar uma lista de itens não negociáveis a ser cumprida dentro de um cronograma específico.
- Informar que não resolver o problema de desempenho, seja ele qual for, terá consequências negativas para o funcionário.

Consequências negativas

Se um funcionário não consegue melhorar o desempenho apesar do seu gerenciamento intensivo e de seus avisos constantes, em algum momento você terá simplesmente que tomar as medidas cabíveis. Que consequências negativas poderá impor?

- Parar de fazer tudo ao seu alcance para ajudar esse funcionário a suprir suas necessidades e carências especiais. Por que você deveria fazer um esforço extra para cuidar de alguém que apresenta um desempenho que deixa sempre a desejar?
- Retirar um ou mais de um privilégio que o funcionário possa ter recebido por causa de um desempenho anterior. Se ele não está mais rendendo bem, por que deveria continuar a gozar dessas recompensas? Lembre sempre aos funcionários que recompensas e prêmios não são permanentes, mas dependem de um bom resultado contínuo.
- Usar sua prerrogativa de decisão para punir o funcionário. Por exemplo: se os gerentes podem definir as escalas de trabalho, por que a pessoa de desempenho insatisfatório deveria ser contemplada com a escala que ela deseja? Dê a ela a pior opção. Os gerentes também têm muito poder de decisão quando se trata de designar tarefas. Conforme um general do Exército americano

me disse uma vez: "Se um soldado ficou molengando a semana inteira, na semana seguinte deve ser posto para limpar as latrinas. Sempre reservo as melhores tarefas para os soldados que estão dando o melhor de si e as piores para os que quero punir."

Além dessas consequências negativas, a única alternativa que resta é informar ao funcionário que o emprego dele está por um fio. Ainda não estamos falando propriamente de demissão. Mas advirta-o de que, se o problema de desempenho não for corrigido, ele estará em risco. Toda vez que ele der um passo em falso, você terá que considerar duas opções: livrar-se da pessoa imediatamente ou dar a ela mais uma oportunidade.

Despedir alguém, é claro, é a punição definitiva. Mas antes de mandar alguém embora, você deve pensar em dar ao funcionário uma última chance. Por quê? Há cinco razões para isso.

- Você já investiu tempo, energia e dinheiro nessa pessoa. Se investir um pouquinho mais, pode ser que acabe conseguindo um retorno sobre esse investimento.
- Dependendo da situação, do funcionário em questão e também dos seus sentimentos pessoais em relação a ele, você pode estar disposto a fazer um esforço extra.
- Se você transformar um funcionário de baixo rendimento num funcionário de alto rendimento, estará poupando à organização e à sua equipe os custos da substituição. Entre estes, o custo da demissão, os custos do recrutamento e treinamento de um substituto e os custos do tempo ocioso que decorre quando tiramos alguém da equipe.
- Na hipótese de um litígio resultante da demissão de um funcionário, pode ser mais fácil defender o seu lado se

você deu a ele uma última chance para melhorar o desempenho antes de demiti-lo.
- Sua empresa pode exigir isso.

Mas também há inúmeras boas razões para que, em algum momento, cessem as últimas chances. Aqui estão elas:

- Se a pessoa for um caso perdido, os custos da demissão serão o de menos. Os principais custos de uma má contratação já foram contraídos. Continuar com essa pessoa representa um gasto maior do que mandá-la embora.
- Você não deve investir mais tempo, energia e capital num funcionário que, a seu ver, não irá melhorar.
- Dependendo da situação e da pessoa, dar a um subordinado direto uma última chance pode significar para ele a oportunidade de criticá-lo injustamente ou de dirigir críticas à equipe ou à empresa, de trabalhar mal, causar problemas e roubar ou sabotar.
- Se você manteve um registro preciso de suas interações de gerenciamento com essa pessoa e dos problemas de desempenho, então provavelmente não será necessário dar a ela uma última chance para fortalecer seus argumentos. Eles já são fortes o bastante.
- Sua empresa pode exigir isso.

Se e quando demitir um funcionário é sempre uma questão difícil. Trata-se de uma decisão que você deve tomar. Se você monitorou, avaliou e documentou o desempenho dele a cada etapa do processo, estará numa posição bem mais privilegiada para tomar a decisão correta.

Demita funcionários que persistirem no desempenho insatisfatório

Às vezes os gerentes enfrentam o seguinte dilema: "Eu queria muito demitir um funcionário, mas já estamos com pouco pessoal e todo mundo na equipe está sobrecarregado. Sinto que não posso demitir meus funcionários de baixo desempenho porque os demais terão que trabalhar ainda mais arduamente. Será que 50% do desempenho de um funcionário incompetente às vezes não é melhor do que não ter ninguém executando a tarefa?" Minha resposta a isso é NÃO. Não, não e não!

Há, porém, situações em que faz sentido segurar um funcionário de desempenho insatisfatório por mais algum tempo. Se você estiver superatarefado, pode ser melhor arrancar dele um último dia de trabalho. Como meus clientes do setor de restaurantes gostam de dizer: "Nunca despeça o sujeito que lava a louça numa sexta-feira à noite!" É isso mesmo. Faça o funcionário de desempenho insatisfatório lavar o máximo de pratos sujos que você conseguir lhe dar. E só depois dispense-o.

Escolha com cuidado a melhor oportunidade e o melhor momento, mas não deixe de demitir os funcionários que não rendem e que se recusam a melhorar. Há quatro razões pelas quais você deve demitir funcionários irrecuperáveis.

- Eles estão sendo pagos.
- Eles causam problemas que precisam ser resolvidos por outros funcionários.
- Os profissionais de ótimo desempenho detestam trabalhar com pessoas incompetentes – e você não pode se dar ao luxo de perder os melhores.
- Os funcionários que não rendem transmitem uma mensagem péssima para todos os demais: "O baixo desempenho é tolerado por aqui."

Se sua equipe está defasada e sobrecarregada, então desempenhos ótimos são a única opção. Você precisa conseguir um trabalho mais eficiente de todos eles. Não pode deixar que a energia negativa e os problemas desnecessários de um funcionário incompetente arrastem todo o resto da equipe para o fundo do poço.

Demitir um funcionário é uma das coisas mais desagradáveis que você terá que fazer como gerente. Mas, às vezes, não há outra saída. Você deve isso a si mesmo, à sua equipe e à empresa. Se os fracassos constantes não tiverem consequências desagradáveis, a responsabilidade pessoal perde todo o sentido.

Pode ser complicado despedir pessoas em algumas organizações. Em geral, é preciso passar por alguns obstáculos antes de consegui-lo. Uma das razões é por questão de justiça: todos querem garantir que nenhuma pessoa seja demitida por motivos que não têm nada a ver com seu desempenho no trabalho. E, é claro, os empregadores querem se certificar de que não serão processados por um funcionário demitido e que fizeram tudo o que é preciso para se defender a contento de um processo, caso algum venha a ser movido contra eles. Toda organização adota um procedimento para demitir funcionários. Conheça as regras, siga-as e aplique-as. E peça a ajuda do seu chefe, dos outros gerentes, do RH e do departamento jurídico da sua empresa.

Se você resolver os problemas de forma agressiva a cada etapa do processo, provavelmente nunca terá que demitir ninguém

Mesmo assim, às vezes é quase impossível demitir alguém. Algumas empresas têm tanto medo de ser processadas que seguem uma regra tácita contra demissões. Em outros casos, o processo de demissão consome tanto tempo e é tão complexo que os gerentes acabam descartando essa opção. Muitos já me disseram que gastaram um tempo enorme ao longo de meses ou até anos tentando dispensar um subordinado. E, às vezes, a despeito de todos esses esforços, o funcionário ganha a guerra e não é demitido. De fato, em alguns países a lei praticamente impede que se demita uma pessoa ou a rebaixe de cargo.

O que fazer se você estiver precisando se livrar de um funcionário mas se encontrar preso num beco sem saída desse tipo? Pressionar. Manter sempre no grau máximo o gerenciamento ativo e deixar bem claro que o desempenho está sendo observado atentamente será, em geral, pressão suficiente para que pessoas de desempenho insatisfatório queiram sair. Quase sempre, desistirão de você antes que você desista delas. Funcionários de baixo rendimento não gostam de ser gerenciados muito de perto. Não gostam de críticas e de ter que enfrentar consequências por sua incompetência. Por isso, gerencie-os de muito, muito perto.

Faça tudo ao seu alcance para fazer valerem as consequências negativas, por menores que sejam. Você já apontou um facho de luz para debaixo de uma pedra bem grande com uma lanterna potente? Os insetos e vermes rastejam de volta para a escuridão na mesma hora. Se você mantiver a luz da sua lanterna sobre o funcionário de mau desempenho, provavelmente ele começará a procurar a saída. Ele irá atrás de um gerente que o deixe em paz. Pode ser que se transfira para outro departamento. Isso, infelizmente, não beneficia em nada a empresa – mas, pelo menos, resolve o seu problema.

É claro que seria melhor torcer para que ele encontrasse emprego na concorrência.

CAPÍTULO 9

Faça mais por algumas pessoas e menos por outras

Você está penando para completar a avaliação anual de seus 12 subordinados diretos – uma nova exigência da empresa. O novo pacote de salários e benefícios tem gerado muita insatisfação e ressentimento e você se vê numa situação difícil. Se usar ao máximo suas prerrogativas de decisão dentro do novo sistema, será possível conceder a algumas pessoas aumentos e bônus muito maiores e a outras pessoas benefícios muito menores. Você sabe que deveria fazer isso, mas não quer ofender nem irritar os funcionários que ganhariam menos. É pouco provável que suas avaliações e as respectivas consequências financeiras permaneçam em sigilo.

Você destaca duas pessoas cujo desempenho é excelente. Está autorizado a dar apenas dois conceitos A, mas não dá A+ a nenhuma das duas porque isso significaria aumento e bônus ainda maiores, comprometendo a maior parte do seu espaço de manobra. Também precisa dar C para pelo menos metade da sua equipe, o que o faz tentar dividi-la em duas partes praticamente iguais. Pode dar C- e B+, mas não dá esses conceitos para ninguém – do jeito que está, você sabe que já haverá insatisfação entre os Cs, sobretudo porque eles receberão aumentos menores e não terão direito ao bônus anual.

Quando termina de avaliar seus funcionários, pensa com seus botões: "Meus subordinados não podem se queixar muito. Afinal, têm um bom salário, bons benefícios e até academia de graça. Todos também recebem um bom aumento anual. É uma troca bastante justa e as condições de trabalho não são ruins." Então, Sam bate à porta da sua sala e pergunta se você tem uns minutinhos para falar sobre o horário de trabalho dele. Sam prefere que seu dia de folga seja quinta-feira. Você explica a ele que as quintas são um dia movimentado e que não pode permitir que os funcionários escolham a própria escala de trabalho, porque se fizer isso para um, terá que fazer para todos. "Lamento, Sam. Não posso fazer concessões especiais a você. Não seria justo com os demais. Não posso fazer nada. Minhas mãos estão atadas."

Qual seria a reação de Sam? Isso depende do tipo de funcionário que ele é, mas aqui estão as três respostas mais prováveis:

- Sam poderia dizer: "Lamento tê-lo incomodado", afastando-se em silêncio. Mas provavelmente não é o que estaria pensando, e sim: "Isso não faz o menor sentido. Quem mais iria se interessar pelas quintas além de mim? Depois de tudo o que fiz por você! O.k., vamos ver o volume de trabalho que conseguirei fazer a partir de hoje às quintas-feiras. Você não vai nem perceber a mudança."
- Sam poderia dizer: "Não aceito isso. Tem que me dar as quintas de folga!" Talvez você diga ao Sam: "Sinto muito. Já terminamos essa conversa." Mas e se Sam continuar insistindo? Você pode ficar furioso e dar uma resposta atravessada: "Não fale comigo nesse tom. Sou seu chefe. Está demitido!" Quando ligar para o RH e eles perguntarem se você tem algum registro para justificar essa ação, precisará admitir que Sam tem um ótimo desempenho – e toda a papelada comprova isso.

Agora, vocês estão em conflito – e não apenas por causa das quintas-feiras.

- Sam poderia dizer: "Bem, agradeço por tudo, mas não vou continuar trabalhando aqui. Pesquisei minhas opções no mercado e encontrei empresas ótimas. Na verdade, o concorrente do outro lado da rua está disposto a me dar as quintas de folga. Sendo assim, estou indo trabalhar para ele." Se Sam tem um desempenho excelente, ele provavelmente sabe disso e sabe também que vale mais que um funcionário de desempenho medíocre.

Neste último caso, você poderia dizer a Sam: "Mas trabalhei com você, o treinei e agora dependo de você. Seu desempenho é ótimo e eu odiaria perdê-lo." Sam responde: "Exato. Era o que eu estava pensando. Então, que tal me dar as quintas de folga?"

Sam tem um ótimo argumento. A verdade que todos sabem mas ninguém gosta de admitir é que um funcionário de desempenho extraordinário vale mais para a empresa do que três ou quatro funcionários medíocres. Os mais competentes sabem o valor que têm e querem se valer dele para obter o que querem. O problema é que a maioria dos sistemas de premiação por desempenho não estimula um ótimo rendimento. Está simplesmente vinculado a recompensas em dinheiro. O trabalho duro de identificar as necessidades dos membros da equipe tem que ser feito pelos gerentes da linha de frente que administram as pessoas no dia a dia e, em última instância, controlam o acesso a todas as modalidades de prêmio.

Se você for o gerente de Sam e não puder se dar ao luxo de perdê-lo ou de cultivar uma rixa com ele, pode acabar cedendo à sua solicitação. Mas provavelmente cometeria o mesmo erro que muitos gerentes cometem nessa situação: faria um acordo sigiloso. "O.k., Sam, vou deixar que fique com as quintas de folga. Mas não conte a ninguém." Depois que os funcionários ficam sabendo de seu acordo com Sam, Mary bate à sua porta e diz: "Fiquei sabendo que Sam não trabalha mais às quintas. Por que só ele pode escolher uma escala de trabalho especial? Você está favorecendo um de nós. Isso não é justo!"

Você gostaria de dizer a Mary, que, decididamente, é uma funcionária medíocre: "Justo? Quer saber por que estou favorecendo o Sam? Porque ele trabalha mais que você! Chega cedo, sai tarde e dá duro durante o tempo que passa aqui. Cumpre todos os prazos e mostra sempre a dose exata de iniciativa, sem jamais ultrapassar o limite. É por isso que ele tem direito a um acordo especial. Também quer ser favorecida? Do que está precisando? Porque existem muitas coisas que preciso que faça por mim. Quero que comece a chegar mais cedo e a trabalhar com mais dedicação. Que comece a seguir os procedimentos e a dar conta de um grande volume de trabalho com qualidade e rapidez. Você também deseja folgar às quintas? Vamos negociar uma semana de cada vez. Aqui está o que tem que me entregar até a meia-noite de quarta. Vamos deixar as expectativas bem claras e registrar tudo por escrito."

Recomendo aos gerentes todos os dias: não faça acordos sigilosos. Ponha um outdoor no estacionamento: SAM NÃO TEM QUE TRABALHAR ÀS QUINTAS. VENHA À MINHA SALA E DESCUBRA POR QUÊ. Então converse com as pessoas, uma de cada vez, à medida que baterem à porta da sua sala querendo fazer um acerto com você. Não poderá fazer tudo por todo mundo, é claro. Não seria justo. Negocie e decida quem merece o quê.

Por que é inútil tratar todos da mesma maneira

Por ser o modo mais fácil, a maioria dos gerentes tende a aplicar a "falsa igualdade". Seja pagando por hora ou mantendo um salário mensal, quando os funcionários recebem de acordo com um sistema fixo, o gerente não precisa tomar ou justificar decisões difíceis nem acompanhá-los de perto para se certificar de que cada um sabe o que fazer para receber o que merece. O gerente se sente mais à vontade quando eles são recompensados com base numa estrutura rígida porque assim pode culpar o "sistema" caso alguém lhe faça perguntas.

É verdade que uma administração frouxa, uma falsa justiça e a fuga de situações de conflito ainda são os motores fundamentais de muitos sistemas de remuneração e políticas de RH. Por mais que a avaliação compulsória e o pagamento por desempenho estejam ganhando terreno, essa "falsa igualdade" que ignora o desempenho ainda persiste na maioria das organizações. Parte dela é necessária, como planos de saúde, convênios com academias, auxílio-creche e outras vantagens que beneficiam todos os funcionários. Elas são responsáveis por uma sensação de integração e por ajudar a criar laços com a empresa. Despertam a gratidão de pelo menos uma parte dos funcionários e contribuem para o bem-estar deles, o que provavelmente os torna profissionais melhores, dispostos a dar à empresa o retorno desse investimento. Mas, na hora em que os gerentes esgotam todos os seus recursos e suas prerrogativas de decisão tratando todo mundo da mesma maneira, os melhores saem no prejuízo. Já perdi a conta das vezes em que os gerentes me disseram que não têm recursos suficientes para conceder prêmios especiais a pessoas de desempenho extraordinário.

Quando investigo mais a fundo, porém, descubro uma quantidade enorme de gerentes que usa o "sistema" como escudo, mesmo quando o sistema ao qual estão efetivamente submetidos lhes proporciona muito mais poder de decisão. Muitas vezes, os gerentes podem oferecer bônus variados e influenciar de diversos modos os aumentos, mas, por comodismo, todos na equipe partilham dos prêmios em proporções iguais e recebem basicamente o mesmo reajuste. O mesmo se aplica às condições de trabalho. Não raro, os gerentes têm largas prerrogativas em questões como horários e escalas, atribuição de tarefas, suprimentos e assim por diante. Sendo assim, por que não favorecem quem se destaca nem punem quem não rende? É incrível o número de gerentes que simplesmente não consegue ou não está disposto a dedicar o tempo e a energia necessários para fazer as delicadas distinções relativas ao desempenho e, em seguida, premiar as pessoas com base no que cada uma fez por merecer.

A verdadeira igualdade

"Pessoas de desempenho extraordinário e de desempenho ruim recebendo as mesmas recompensas? Isso é injusto", disse um gerente de uma grande fábrica. "Você deve premiar as pessoas com base no que fizeram por merecer."

Sim, você quer que um volume maior de trabalho seja feito com mais qualidade por todos os funcionários. E, quanto a eles, a maioria está se esforçando ao máximo para ter êxito e receber de acordo com o que produzem. Quando renderem mais, faça mais por eles. Quando renderem menos, faça menos por eles. Isso é justiça.

É claro que você não pode fazer tudo por todo mundo. E por que iria querer isso, aliás? Deixe claro quem está recebendo o prêmio, como e por quê. Talvez os demais queiram se esforçar para merecer também essas recompensas especiais. Por isso é tão importante se certificar de que todo funcionário saiba por que fez jus a um prêmio e o que ele precisa fazer para ganhar ainda mais (ou o que pode levá-lo a perder algo).

Como fazer isso? Definindo expectativas e atrelando à satisfação delas as recompensas concretas. Quando todos os membros da sua equipe são gerenciados desse modo, a probabilidade de perguntarem por que alguém está recebendo prêmios especiais é bem menor. Isso porque cada um deles, sem exceção, sabe, por experiência própria, o que precisa ser feito para merecer esses prêmios. Sabem que, se Sam está recebendo alguma recompensa, é porque fez algo em troca. Afinal, você é esse tipo de gerente.

O verdadeiro estímulo

"A capacidade de fazer mais, ou menos, pelas pessoas é uma extraordinária fonte de poder." É assim que um engenheiro e gerente sênior, que chamarei de Hal, coloca a questão. Ele precisava realizar um projeto importantíssimo com um prazo bastante apertado e contava apenas com uma profissional qualificada para trabalhar com ele. "Eu precisava que ela fizesse todo o trabalho pesado inicial, sem folgas ou intervalos durante umas três semanas. Ia ser puxado." Então Hal foi falar com Ginny, a engenheira escolhida: "Ela hesitou em parar tudo em que estava trabalhando, atrasar o próprio trabalho e, basicamente, não ver a família durante um mês. Ela não tinha escolha, mas eu precisava que estivesse totalmente concentrada no projeto para cumprir as tarefas num ritmo muito acelerado." Depois da conversa inicial, Hal se deu conta do quanto estava pedindo a Ginny. Por isso, foi falar com o chefe dela e conseguiu aprovar um acordo que ela não poderia recusar.

Hal prossegue seu relato: "Voltei a falar com Ginny e disse-lhe que contávamos com ela naquela empreitada. Eu me ofereci para mandar uma carta para a família dela explicando o projeto e agradecendo a eles pelo sacrifício. Enviaríamos uma cesta de presentes para eles e nos oferecemos para cobrir os custos adicionais com a creche pelas quatro semanas do projeto. Ela ficou agradecida por termos pensado em sua família, mas o verdadeiro chamariz foi o dinheiro. Precisávamos que o projeto estivesse concluído em quatro semanas, ou 28 dias. Por isso, ofereci a Ginny um enorme bônus se as tarefas fossem concluídas a tempo. Ela me disse que tinha receio de trabalhar com total afinco e estourar o prazo final em apenas um dia, talvez, e acabar não recebendo bônus nenhum."

Eis o que eles finalmente acordaram: "Cada dia de atraso diminuiria o bônus em 10%. Mas ela insistiu que queria garantir alguma vantagem caso terminasse antes do prazo. Tive que pedir aprovação para isso, mas consegui oferecer 5% a mais por dia adiantado. No final, ela terminou seis dias antes do prazo. Concluiu o projeto em 22 dias. Recebeu o polpudo bônus, mais um adicional de 30%." Isso sim é estímulo.

Imagine se você pudesse parar de pagar salários às pessoas e começar a comprar os resultados que elas lhe oferecem, um por um. O que acha que aconteceria se todo gerente tivesse a prerrogativa de decisão, a capacidade, o preparo e a coragem de começar a negociar com seus subordinados como se eles fossem fornecedores? E se você pudesse associar recompensas ou punições exclusivamente a episódios mensuráveis do desempenho do funcionário? Pense nos setores em que as pessoas recebem uma quantia previamente definida por unidade de trabalho cumprida.

Algumas empresas de contabilidade, por exemplo, pagam os contadores por declaração ou auditoria preparada – pagam mais por declarações e auditorias mais complexas e menos quando o revisor encontra erros no trabalho. Há hotéis que pagam as camareiras pelo número de quartos arrumados, e alguns deles pagam mais por quarto se o trabalho for especialmente benfeito, com base numa lista de verificação de parâmetros. Economistas da área trabalhista possuem dados convincentes que dizem que a produtividade de um trabalhador aumenta muito quando o pagamento está diretamente vinculado ao desempenho. Por que isso não deveria se aplicar a todos os tipos de trabalho?

Dê a cada pessoa a chance de satisfazer as expectativas elementares do trabalho a que se propõe e depois a oportunidade de ir além disso – e de ser recompensada de modo proporcional. Inspire credibilidade e confiança mediante uma comunicação franca e uma postura transparente, para que cada funcionário saiba exatamente o que deve fazer para receber os benefícios. Monitore, avalie e documente tudo em todas as etapas do processo. Não recue quando chegar a hora de oferecer os prêmios e as punições prometidos.

Quando seus funcionários honrarem aquilo que se comprometeram a fazer por você, você honrará a promessa de vantagens feita a eles. Se deixarem de honrar compromissos assumidos, você terá que chamar a atenção para o problema imediatamente e negar a eles a recompensa. A ideia é premiar as pessoas quando elas apresentam resultados – não antes, nem depois. Prêmios imediatos são mais eficazes porque não geram dúvidas sobre sua justificativa, o que dá uma sensação maior de controle e um grau maior de estímulo. É bem provável que os funcionários se lembrem de detalhes precisos e do contexto do desempenho e que, portanto, seja mais fácil para eles repetir a atuação desejada. Além disso, eles não perderão tempo pensando se o desempenho foi notado ou se agradou, e, portanto, será menos provável que deixem esfriar o ânimo gerado pelos bons resultados.

Anos atrás, um grande líder executivo do setor de equipamentos de ginástica, que chamarei de Jon, me disse que via todo gerente da linha de frente como um gestor de remuneração e benefícios. Jon criou uma cultura na qual os gerentes premiavam o desempenho o tempo todo. "Eu acredito muito em bônus imediatos. Todo supervisor tinha autoridade para conceder bônus a pessoas de desempenho extraordinário, com valores que variavam do equivalente em dinheiro a algumas horas de trabalho até uma semana inteira. Mantínhamos reuniões regulares com os supervisores em que eu perguntava: 'Para quantas pessoas você deu um bônus na última semana?' Se não tivessem dado bônus a ninguém, eu dizia: 'Estão me dizendo que gerenciam 40 pessoas semana após semana e não conseguiram encontrar um motivo para dar um bônus a alguém? Qual é o problema de vocês?' Por isso, os supervisores estavam sempre em busca de razões para dar ao pessoal de sua equipe um bônus imediato." Você pode estar certo de que esse pessoal estava fazendo coisas do arco da velha para ganhar os prêmios. E funcionava. Jon diz: "Todo ano nossa produção era superior a todas as demais empresas do setor tendo apenas metade do efetivo de operários, e os bônus imediatos tinham um papel fundamental nisso." Quando os gerentes se tornam responsáveis *de fato* pela remuneração, a produtividade vai às alturas.

Seja generoso e flexível

"Você quer ser generoso e flexível com seus subordinados. E por que não? Todos estão trabalhando com mais dedicação, estão sob mais pressão e têm necessidades que ainda não foram devidamente satisfeitas." Foi isso que Fred, gerente responsável por uma praça de alimentação e por uma loja de conveniência e presentes de um hospital me disse. "No hospital não havia muitas formas de premiar meus funcionários. A maioria era paga por hora. Os assalariados também tinham pouca margem para negociação. Não havia, por exemplo, folga remunerada."

Foi aí que Fred deixou de ser uma pessoa comum e se transformou num superchefe: "Em minha função como supervisor sênior, acumulei dias de folga. Não era possível vender esses dias, mas eu podia continuar acumulando. Após 20 anos, eu tinha uns 200 dias que nunca havia usado e nenhuma perspectiva de usá-los tão cedo. Não podia simplesmente sumir por semanas a fio, e ainda tinha minhas férias regulares para tirar. Por isso, perguntei ao RH se podia distribuir meus dias para outros funcionários, como prêmio. O gerente do RH ficou tentando me convencer a reconsiderar. Ele me disse que se eu tivesse dias suficientes no final de minha permanência na empresa, talvez fosse possível convertê-los num ano inteiro de férias remuneradas. Mas eu não quis reconsiderar e finalmente consegui convencê-lo. Recebi permissão para distribuir 25 dias por ano, o que dava cerca de 2 dias por mês. Isso aconteceu durante quatro anos, até que alguém da diretoria vetou a concessão. Mas, durante esse período, tive esse excelente prêmio na minha manga o tempo todo, e as pessoas sabiam disso. E, caramba, como elas valorizavam esses dias de folga remunerada", Fred concluiu, com um sorriso de satisfação.

Se você é o chefe, uma de suas funções mais importantes é lutar pelo seu pessoal. Lembre-se de que as pessoas trabalham para defender seus interesses pessoais e os de sua família. Elas querem a sua ajuda. Alguns gerentes estão o tempo todo fazendo mais por seus funcionários. Se você não é um desses gerentes, qual é o seu problema?

Comece a dar atenção aos recursos que lhe dão prerrogativas de decisão e que já estão ao seu dispor. Use seu poder sobre as condições de trabalho, escalas de dias e horários, reconhecimento, a decisão sobre que tarefas serão designadas a quais pessoas, quem será contemplado com as oportunidades de treinamento complementar, o local onde cada um irá trabalhar e com quais colegas, e assim por diante.

Se você tiver um pote de doces sobre sua mesa e um funcionário chegar para pegar um chocolate, você deve dizer: "Ah, quer um chocolatinho? Estou precisando de uma coisa de você, no seguinte prazo, com estas diretrizes. Compreendeu?" Você procurou ampliar suficientemente os recursos e as prerrogativas de decisão ao seu dispor? Pegue o telefone e implore por mais recursos, salte obstáculos e plante bananeira se precisar. Use tudo o que puder como moeda de troca para incentivar o desempenho e premiar as pessoas que se destacarem. Quais são os elementos fundamentais de todo emprego pelos quais os funcionários normalmente se interessam, que costumam estar sob a prerrogativa de decisão do gerente e que podem ser usados como moeda de troca para incentivar o desempenho?

O pacote de remuneração. Qual é o salário-base e o valor dos benefícios? A parte fixa do pagamento atinge que valor? Que porcentagem do pagamento depende de parâmetros claros de desempenho vinculados diretamente a ações concretas sob o controle do funcionário? Quais são os mecanismos disponíveis para aumentar ou diminuir a remuneração?

Escala de trabalho. Qual é a escala de trabalho padrão? Que grau de flexibilidade ela tem? Quais são os mecanismos para se conseguir mais ou menos flexibilidade nessa escala?

Relacionamentos. Com quem o funcionário trabalhará? Com que fornecedores, clientes, colegas, subordinados e gerentes? Quais são os mecanismos para controlar com quem o funcionário terá a chance de trabalhar (e/ou evitar que trabalhe com essa ou aquela pessoa)?

Tarefas. Que tarefas e responsabilidades rotineiras serão designadas para o funcionário? Haverá projetos especiais? Quais são os mecanismos para controlar as oportunidades de vincular os funcionários às tarefas, responsabilidades e projetos que mais lhes interessam?

Oportunidades de aprendizado. Que conhecimentos e técnicas o funcionário poderá aprender para desempenhar as tarefas e responsabilidades básicas? Haverá alguma oportunidade especial de aprendizado? Quais são os mecanismos para controlar o acesso a essas oportunidades?

Local de trabalho. Onde o funcionário será alocado? Que grau de controle ele terá sobre o local de trabalho? Terá que fazer muitas viagens? Haverá oportunidade de ser transferido para outros locais? Quais os mecanismos para controlar as questões ligadas ao local de trabalho?

Ajude as pessoas a ganhar aquilo que querem e de que precisam

Todo funcionário deseja um acordo personalizado que inclua algum ou todos esses aspectos-chave do trabalho. Ele quer saber o que precisa fazer para ter direito a mais vantagens em cada uma dessas áreas. Ajude as pessoas dizendo a elas exatamente o que é necessário para terem acesso a isso.

Quando um funcionário disser: "Não quero trabalhar às quintas", diga a ele que é preciso fazer A, B e C até a meia-noite de quarta. Com isso, você está dando a ele o controle sobre os prêmios. Você terá que monitorar, avaliar e documentar se o funcionário concluiu A, B e C até a meia-noite de quarta. Em caso afirmativo, poderá premiá-lo de modo bastante eficaz. Usando o poder que você tem sobre a flexibilidade da escala de trabalho, conseguirá fazer com que ele trabalhe melhor e mais depressa, além de dar um prêmio imediato que ele valoriza. Algo, aliás, que para ele tem um valor especial, porque era exatamente o que queria.

Quando você descobre de que determinado funcionário realmente precisa, ou o que ele realmente quer, você tem um trunfo. Como um gerente certa vez me disse: "Grande parte da arte da premiação é saber a quem premiar, o que dar como prêmio e quando e como fazer isso. Varia de acordo com cada pessoa. Uma de minhas funcionárias precisa se ausentar de vez em quando por causa dos filhos, normalmente sem aviso prévio. Permito que faça isso porque sei quanto é importante para ela. Por outro lado, ela está sempre trabalhando com muita dedicação para me mostrar sua gratidão por essa flexibilidade. Já me disse inúmeras vezes que isso é o que faz com que esse emprego funcione para ela. E é tão agradecida por isso que trabalha em dobro para que eu tenha a plena certeza de que ela merece a consideração." Quando você identifica um trunfo, tem nas mãos uma poderosa moeda de troca. O funcionário provavelmente ficará disposto a fazer muita coisa – trabalhar por mais tempo, com mais dedicação, agilidade, rapidez ou qualidade – só para consegui-la.

Sempre digo que, quando os subordinados fazem exigências despropositadas, os gerentes não devem se sentir ofendidos, e sim gratos. Isso porque estão dizendo exatamente o que querem, além de apontarem um trunfo ao seu dispor. É muito mais difícil quando você é obrigado a procurar por ele sozinho. Se puder encontrar um modo de oferecer a ele esse trunfo, estará em condições de fazer um acordo personalizado.

Vou contar a melhor história que conheço sobre isso. Nat, gerente de um importante órgão da inteligência americana que trabalha com matemáticos de alto nível, contratou como analista um jovem Ph.D. de uma universidade de prestígio. Mas o rapaz, em pouco tempo, de acordo com Nat, "começou a perder o rumo, parou de falar com as pessoas e não estava conseguindo dar conta do volume de trabalho que deveria estar fazendo. Parecia deprimido". Nat tentou estimular o novo funcionário tendo uma conversa a sós com ele. "Dava para notar que ele tinha uma mente extraordinária e um profundo interesse pelo trabalho, mas estava frustrado, e alguma coisa o incomodava. Finalmente, ele me disse que era seu ambiente de trabalho: 'Não consigo trabalhar nesse cubículo e nessa mesa. É muito ruim para mim. Preciso do meu sofá para pensar.'" Nat riu: "Basicamente, o que o rapaz disse foi isto: 'Não consigo fazer cálculos sem o meu sofá.'" O analista explicou a ele que tinha um sofá em casa em torno do qual havia montado mesas com seus computadores. Tinha esse sofá fazia já alguns anos e nele escrevera sua monografia da faculdade, estudara para todas as provas e redigira a tese de doutorado.

Independentemente de se tratar de um pequeno capricho ou de um transtorno obsessivo-compulsivo, Nat levou em conta a solicitação para lá de estranha do analista. "De início, eu disse não", Nat explicou. "Onde iríamos pôr o sofá? Mas o rapaz já o medira e me mostrou que caberia no cubículo. Tivemos que tirar a cadeira dele e trocar a mesa de gavetas por uma simples. Providenciamos os carregadores e deixamos que ele montasse o ambiente exatamente do jeito que queria, incluindo um rádio, seus dois computadores pessoais e uma estante com fichários e livros. E, daquele momento em diante, ele passou a ser o funcionário mais feliz de que já tive conhecimento. Está sempre por aqui, até onde eu sei. Acho até que ele dorme no sofá. Não vai embora nunca."

Faça absoluta questão de conversar com seus melhores funcionários para descobrir o que eles mais querem e precisam – seja um acordo especial ou um pequeno ajuste. Se você puder satisfazer uma única necessidade ou desejo, estará fazendo algo de valor muito especial para essa pessoa. Quando precisar dar um estímulo extra a determinado funcionário – quando precisar muito que ele faça um esforço a mais –, não há melhor ferramenta motivacional do que usar esse trunfo como moeda de troca.

Como fazer com que essas solicitações funcionem como verdadeiras moedas de troca supervalorizadas? Tire o máximo proveito de tudo o que possam valer.

- "Você não quer trabalhar às quintas? Fico feliz em saber. Aqui está o que terá que me trazer até a meia-noite de quarta."
- "Quer uma sala só para você? Aqui está o que eu preciso que faça por mim."
- "Quer trazer seu cachorro para o trabalho? Ótimo. Então faça isto por mim."
- "Gostaria de poder almoçar com os diretores? Eis o que preciso de você."

Expanda seu repertório de recompensas e comece a usar todos os recursos ao seu dispor para incentivar o bom desempenho.

É claro que alguns prêmios simplesmente não estão disponíveis. Às vezes, por mais que você queira fazer um acordo personalizado com um funcionário, é obrigado a dizer: "Não posso fazer isso. Não está disponível. Mas talvez possa oferecer isto em troca." Não é o ideal, mas é melhor do que dizer que não pode fazer nada por ele. Aprendemos por experiência própria que, quando os gerentes realmente põem sua criatividade e energia em alguma coisa, é provável que consigam realizar mais do que jamais imaginaram. Se você estiver disposto a superar obstáculos, se desdobrar e correr atrás do que precisa, descobrirá que pode obter recursos e fazer acordos personalizados que nunca imaginou serem possíveis. Aproveite-os para estimular a eficiência.

Aplique sua prerrogativa de decisão com sabedoria

O outro lado da arte de fazer acordos personalizados com profissionais de alto desempenho é quando seu subordinado concede privilégios a si mesmo sem sua aprovação prévia. Muitas vezes, os gerentes me dizem: "Tenho um funcionário excelente e de enorme valor. Mas chega 15 minutos atrasado todo dia", "se veste de forma inapropriada" ou "faz muitos telefonemas pessoais" e assim por diante. E se explicam: "Vou deixando esse pequeno problema passar porque, fora isso, o funcionário tem grande valor."

Quando um gerente deixa passar um pequeno problema de desempenho de um ótimo subordinado está fazendo um acordo personalizado – oferecendo um prêmio informal – sem se dar conta disso. Se isso acontece com você, descubra antes de mais nada se o funcionário demonstra saber valorizar essa vantagem. Você pode se valer da sua prerrogativa de decisão e continuar permitindo a regalia, mas é primordial fazê-lo de maneira explícita e, se for o caso, até formalizá-la. Chame o funcionário para uma conversa e diga: "Isso que você faz é um problema. Está me incomodando. Mas tenho deixado passar porque você é um excelente funcionário em todos os demais aspectos. Isso é muito importante para você? Quero que saiba que estou fazendo vista grossa a título de recompensa." Deixe claro que há outras recompensas que ele pode ganhar em vez desse pequeno privilégio, ou que você está oferecendo esse acordo personalizado porque dispõe de poucos prêmios formais de outra natureza. Seja como for, não deixe passar. O acordo entre vocês deve ficar bem claro.

Também é fundamental que os funcionários saibam que os acordos personalizados não estão garantidos para sempre. "Aprendi a jamais fazer promessas de longo prazo", disse Winny, gerente de uma grande organização sem fins lucrativos com sérias restrições de recursos. "As coisas mudam o tempo inteiro. A gente acaba percebendo que alguém pode não ser exatamente o profissional que parecia ser, ou que se esperava que fosse. Depois que damos um aumento, uma promoção, uma escala de trabalho especial ou uma sala, é difícil tomar de volta", afirma Winny. "Depois de fazermos um acordo especial com alguém, pode ser necessário retirar o que foi dado, e a situação tende a ficar feia. Por isso, só trabalho com prêmios de validade imediata."

Winny continuou: "Quando assumi esse posto, todos os funcionários tinham um acordo especial. Estou falando de todos mesmo, incluindo aqueles que não faziam nada. Um dos meus subordinados disse a respeito de uma colega: 'Ela nem podia estar na folha de pagamento. Simplesmente não trabalha, não faz nada.'" Mas estava na folha de pagamento e era bem-vinda na reuniãozinha do café com rosquinhas que era oferecida toda manhã e no almoço para os funcionários às sextas-feiras. Era convidada para a noite mensal da pizza e para a festa anual de fim de ano. Além disso, ganhava bônus de férias no valor de 200 dólares, exatamente como todos os demais. Todas essas mordomias eram bancadas com recursos do fundo de premiação ao funcionário, que ficava à disposição do gerente da unidade.

"O fundo de premiação ao funcionário não era muito polpudo – contava com cerca de 5 mil dólares no total", explicou Winny. "Quando anunciaram que havia dinheiro disponível para cada unidade, o gerente que trabalhava aqui antes de mim convocou uma reunião e perguntou à equipe como eles achavam que o dinheiro devia ser gasto." Alguns defenderam que ele deveria ser dividido por igual entre todos os funcionários, mas o gerente resistiu a essa proposta, evidentemente por não querer dar bônus em dinheiro a algumas pessoas que não mereciam. Por isso apresentou a ideia de distribuir o dinheiro de diversas formas, ao mesmo tempo que investiria em atividades para aproximar mais as equipes, como almoços, festas e lanches. "A primeira coisa que fiz quando assumi foi mudar o sistema. Estava decidido a descobrir uma forma de gastar o fundo de premiação com justiça e de aplicá-lo para fazer algumas coisas acontecerem. No final, usei o dinheiro quase que inteiramente para bônus de validade imediata. Cem dólares de cada vez. As pessoas perguntavam: 'O que eu preciso fazer para ganhar um desses bônus?'"

Tudo é negociável (ou quase)

Relações entre empregador e empregado são relações de troca. Se você quer que o trabalho seja feito com qualidade, rapidez e em condições favoráveis, precisa ser muito hábil na negociação de todos os termos – escala e local do trabalho, recursos e remuneração. O prazo será 2 de março ou 15 de março? Haverá bônus para entrega adiantada ou qualidade excepcional? Penalidade para atraso ou trabalho que não atenda às expectativas? A troca ideal é aquela que define com clareza o produto e o prazo, assim como pontos intermediários específicos que devem ser alcançados ao longo do processo. Cada pequena migalha de premiação – financeira ou não – tem que estar vinculada a um ponto intermediário específico dentro do projeto ou à entrega final na data acordada. Se o funcionário não conseguir honrar o combinado, não receberá o pagamento.

Isso significa que tudo está aberto a negociação? É claro que não. Na verdade, se você quiser ficar mestre nessa relação com os funcionários, a primeira coisa a decidir é o que *não* é negociável. Quais são os requisitos básicos do trabalho, o padrão de desempenho e o comportamento aceitável? Quais são as obrigações fundamentais pelas quais o funcionário não deve esperar nada além de ser tratado com justiça e ser pago por seu trabalho? Você precisa ser claro e lembrar com frequência: "O acordo é o seguinte. Se chegar à empresa pontualmente, não for embora mais cedo e fizer um volume grande de trabalho com muita qualidade, sem causar nenhum problema, será pago. E vai conseguir continuar empregado aqui." Seus subordinados devem entender que trabalhar com eficiência é a própria razão de terem sido contratados. É por isso que recebem um salário e os benefícios básicos.

Quando você tiver definido o que *não* é negociável, terá que aceitar sem reservas o fato de que todo o resto é negociável. Não precisa se assustar. Seus funcionários não negociam com você o tempo todo sobre os mais diversos assuntos? Assuma o controle da negociação em curso. Negocie a cada etapa do processo e torne-se muito bom nesse quesito. Isso significa estar o tempo todo respondendo às perguntas que estão na cabeça deles: "Qual é o nosso acordo? O que você quer de mim? E o que eu ganho em troca do meu melhor esforço... hoje, amanhã e na semana que vem?" Além do acordo de trabalho básico, eles devem saber que, se desejam ou precisam de algo mais, deverão fazer jus aos prêmios por meio de esforço e dedicação.

CAPÍTULO 10

Comece por aqui

Você está quase terminando este livro e já resolveu se tornar um chefe muito melhor. Está pronto – até mesmo ansioso – para gerenciar de forma mais rigorosa e participativa. Começa a fazer suas reuniões com os funcionários, um de cada vez, exatamente como o livro recomenda. Aliás, vai conversar com todos eles esta manhã. Leva um caderno debaixo do braço para tomar notas. Até este momento, seu estilo de gerenciamento não tem sido tão atento e rigoroso, por isso, a nova abordagem pega seus subordinados um pouco de surpresa. Eles ficam cochichando entre si: "O que está acontecendo?" Mas um funcionário mais experiente entrega: "Você reparou? Ele tem andado para cima e para baixo com aquele livro, *Não tenha medo de ser chefe*, a semana inteira. Obviamente, está experimentando algumas dessas novidades na área de gerenciamento. Não se preocupe. Isso vai passar rápido." Os outros começam a sorrir e a concordar, aliviados (e também um pouco desapontados), repetindo: "É. Vai passar rápido. É só não dar trela."

Vai passar rápido ou não? Depende apenas de você.

Talvez esteja se sentindo inspirado a se tornar um chefe melhor. Implementa mudanças reais, gerencia com mais rigor por um tempo, até que a realidade se impõe. Você está superatarefado e se dá conta de que gerenciar desse modo toma bastante tempo, sobretudo no início. Pode ser que alguns funcionários estejam resistindo e se queixando de que você está de perseguição ou favorecendo uns em detrimento de outros. O clima tem andado bastante tenso e você acaba recebendo uma reprimenda do seu chefe, que não está contente porque você "anda mexendo no time que está ganhando", nas palavras dele. "Não pode simplesmente chegar um dia e dizer que vai mudar tudo, que chega de ser o bonzinho." Todo mundo acha que você está sendo muito duro e é evidente que sua nova metodologia não foi bem recebida. Você começa a pensar se não é porque não é bom nisso. Afinal, nunca foi um líder nato. E, assim, se vê recuando, cada vez mais rapidamente, até estar de volta ao que era antes.

"Ufa! Que bom que já passou", pode lhe ocorrer quando estiver de volta à conhecida rotina de gerenciamento frouxo, na qual os problemas são numerosos e profundos, mas, pelo menos, você não os vê antes da hora. Eles atacam de surpresa e você corre atrás do prejuízo, agindo como um chefe cretino enquanto tenta resolver a questão. É uma confusão considerável e desagradável, mas quando termina todo mundo pode voltar à apatia de sempre até que a próxima crise desnecessária se instale. Enquanto isso, você e todo mundo pode aproveitar o seu retorno ao papel de falso cara legal.

Esta decisão é importante demais para precipitações

Ao longo de todo este livro, tentei de todas as formas convencê-lo a se tornar um chefe melhor. Esta é a minha missão: convencer gerentes como você a se tornarem fortes, disciplinados e focados no trabalho. Quero que faça seus funcionários levarem a sério as próprias responsabilidades e que os ajude a trabalhar com mais dedicação para fazerem jus àquilo de que necessitam. Quero que chegue ao trabalho e comece a gerenciar. Mas, antes de tudo, é preciso dar um gigantesco passo para trás.

O ambiente de trabalho de hoje é de altíssima pressão e a mão de obra é extremamente exigente – gerenciar está se tornando cada dia mais difícil. Pense bem: você está preparado, disposto e se sente capaz de dedicar o tempo, a energia, o esforço e a seriedade indispensáveis para essa mudança? Está preparado para se tornar um chefe excelente? Seu papel no trabalho irá mudar. Seus relacionamentos no trabalho irão mudar. Sua experiência no trabalho irá mudar. Você vai se concentrar no serviço que realiza, vai facilitar o êxito do seu pessoal todos os dias e auxiliar cada um a ganhar o que merece. Esse será você de agora em diante.

Leve em consideração a cultura do seu local de trabalho

Antes de dar o grande salto na sua metodologia de gerenciamento, reflita sobre a cultura do seu local de trabalho. Ela apoia um gerenciamento mais participativo e rigoroso? Ou incentiva os gerentes a deixar as coisas correrem mais soltas? Tornar-se um chefe forte, focado e atuante acarretará quais consequências para você, no contexto da cultura da sua empresa? Haverá compatibilidade? Ou você acabará passando a imagem de um dissidente?

Ouço todo tipo de desculpas dos gerentes justificando o modo de gerenciar solto e livre. Por exemplo: "Esta empresa é bastante conservadora. Não acreditamos em confrontos. Não gostamos de mudar o status quo. Portanto a cultura aqui é de um gerenciamento bastante livre." Ou: "Esta empresa é bastante progressista. Deixamos os funcionários trabalharem do modo deles. Não gostamos de ficar dando ordens para isso e para aquilo. Por isso o gerenciamento aqui é bastante livre."

Outras justificativas incluem: "Nossa empresa é enorme e temos burocracia para tudo...", "Nossa empresa é bem pequena e a dinâmica no trabalho se assemelha à de uma família...", "Nosso trabalho é muito técnico...", "Nosso trabalho é eminentemente criativo...", "Nossos funcionários são bem mais velhos...", "Nossos funcionários são muito jovens...", "Nossos funcionários fazem um trabalho braçal e enfadonho...", "Nossos funcionários são todos profissionais de alto nível...", e por aí vai.

A cultura corporativa é o resultado da combinação entre os valores e as práticas sociais compartilhadas que nascem da relação entre as pessoas que compõem a empresa. Lembre-se de que existe uma epidemia de subgerenciamento se alastrando por todo o mercado de trabalho, em todos os níveis, nas organizações de todos os tipos e tamanhos. Portanto, é claro que a maioria das culturas corporativas apoia um gerenciamento mais livre, no qual gerentes mais fortes e rígidos se sentem como peixes fora d'água. O que você pode fazer para mudar isso?

Seja diferente.

E não faça disso um segredo. Deixe as pessoas saberem. Destaque-se como o gerente que leva o trabalho a sério e sempre faz algo a mais por seus funcionários. Se agir com mais firmeza faz de você uma figura "do contra" nessa empresa em especial, seja do contra. Isso pode não deixá-lo à vontade, mas não se importe. Seja um gerente forte e participativo que não tem medo de ser chefe.

No oitavo ano do ensino fundamental, o ano em que mais me comportei mal na escola, eu tinha um professor extremamente linha-dura. O Sr. Benson, professor de inglês, destoava dos demais professores. Era sujeito enérgico e muito rígido. Dava testes-surpresa o tempo todo e nos fazia escrever um fichamento de livro atrás do outro. Lembro que me esforcei e aprendi mais nas aulas dele do que em qualquer outro ano. Certa vez, ele rasgou um trabalho meu porque esqueci de pôr o pingo nos "is". Desde então o meu pingo no "i" parece uma estrela.

Não me lembro de nenhum outro professor do oitavo ano, mas nunca me esqueci do Sr. Benson.

Seja alguém assim.

Você pode acabar descobrindo, no final das contas, que a cultura da empresa apoia um bom gerenciamento. Perto de você pode haver mais gerentes rigorosos e atuantes do que imagina, trabalhando sem serem notados. Ou você pode perceber que o seu exemplo está inspirando outras pessoas.

Decidir se tornar um gerente forte é um grande passo. Se acha que está pronto, comprometa-se a efetuar mudanças permanentes e lembre a si mesmo, com frequência, dessa decisão. Você ficará surpreso ao ver como isso ajuda.

Prepare-se

Antes de tornar público o seu novo estilo, prepare-se para mudar sua metodologia de gerenciamento.

- Reserve uma hora do dia para as conversas de gerenciamento.
- Pratique o modo de falar de um coach.
- Crie um panorama gerencial.
- Trace um cronograma preliminar.
- Implemente um sistema de acompanhamento de desempenho.

Reserve uma hora do dia para conversas de gerenciamento
A primeira coisa que você deve fazer é adquirir o hábito de gerenciar todo dia. Mas não é preciso começar imediatamente. Descubra que horário funciona melhor para você e reserve-o todos os dias durante duas semanas antes de começar a mergulhar de fato no gerenciamento dos funcionários em sessões individuais. Durante duas semanas, use essa hora para se preparar.

Comece reunindo informações e se envolvendo de modo minucioso, porém informal, com os funcionários e o trabalho de cada um. Pare de falar sobre todas as coisas e todos os assuntos com eles e comece a falar sobre trabalho. E faça mais perguntas: "Escute, quais são suas prioridades hoje? O que você planejou fazer a respeito do plano X? Que etapas normalmente segue para realizar a tarefa Y? Quanto tempo estima que vai demorar?" No fim do dia, pergunte às pessoas: "No que você se concentrou hoje? Até que ponto avançou na tarefa Z?"

Quando estiver fazendo essa aproximação, não é preciso dizer muita coisa. Apenas escute e você se surpreenderá. Muita gente vai se incomodar com o simples fato de você estar fazendo perguntas. Esse é um bom sinal de que você tem deixado as coisas bastante soltas até agora. Algumas pessoas lhe darão respostas vagas. Outras lhe dirão mais do que você poderia imaginar. Vai começar a saber quem está fazendo o que, onde, por que, quando e de que modo. Apenas ouça e tome notas. Lembre-se de que neste estágio está apenas coletando informações.

Pratique o modo de falar de um coach
À medida que estiver falando mais e mais com seus funcionários sobre trabalho, pratique o discurso de um coach.

- Sintonize-se com a pessoa que está treinando.
- Concentre-se nas questões específicas do desempenho dela.
- Descreva o desempenho da pessoa de forma honesta e expressiva.
- Concentre-se nos próximos passos e descreva-os de modo expressivo.

É claro que leva algum tempo até se ficar bom nesse modo de falar. Você terá a oportunidade de praticar esse estilo de comunicação assim que começar a gerenciar durante uma hora por dia.

Crie seu primeiro panorama gerencial
Você se lembra da ferramenta que chamei de panorama gerencial no final do Capítulo 4? Este é o recurso que você usará para se sintonizar com cada funcionário e personalizar a abordagem que adotará com ele. Antes de mergulhar de cabeça e começar a manter conversas individuais de gerenciamento com seus subordinados, crie um panorama. Escreva estas seis perguntas numa folha de papel, cada uma iniciando uma coluna:

Quem? Por quê? O quê? Como? Onde? Quando?

A seguir, preencha cada coluna refletindo atentamente a respeito da pergunta em questão.

Quem é essa pessoa no trabalho? O que sei sobre ela e que é relevante para o trabalho? De onde ela veio e para onde está indo?

Por que tenho que gerenciar essa pessoa? O que ela precisa receber de mim para ter êxito nessa função? O que é importante para ela? O que preciso que ela faça por mim? O que é importante para mim em relação a essa pessoa no desempenho de sua função?

Sobre o que eu deveria conversar com essa pessoa? Devo me concentrar nas metas mais gerais ou nas mais específicas? Em diretrizes mais abertas ou mais detalhadas? Em lembretes sobre os procedimentos operacionais padrão ou em ideias sobre inovação?

Como devo falar com ela? Devemos falar sobre todo o processo de trabalho, passo a passo? Ou devemos apenas repassar o quadro geral da missão em pauta? Devo dar instruções diretas? Ou devo guiá-la por perguntas? Devo ser frio ou simpático?

Onde? Qual o melhor lugar para nossas reuniões? Se a pessoa estiver num local distante, como organizar melhor nosso sistema de comunicação por telefone e e-mail?

Quando? Devo inspecioná-la várias vezes por dia ou será que uma vez a cada dois dias ou uma vez por semana é suficiente? Qual é o melhor momento para conversar com ela?

Nesse estágio, você ainda está fazendo suposições com base em poucas informações. Seu primeiro panorama gerencial é apenas um ponto de partida, mas é preciso começar de algum ponto. Com o tempo, à medida que começar a gerenciar as pessoas mais de perto, ficará cada vez mais sintonizado, e, conforme as circunstâncias e as pessoas forem mudando, volte a essas perguntas e respostas várias e várias vezes. Se tiver muitas pessoas para gerenciar, o processo vai lhe tomar muito tempo. Mas, independentemente do número de pessoas sob o seu comando, é aí que se começa a perceber o desafio que se tem pela frente, a se aproximar dos seus subordinados e a personalizar a abordagem de gerenciamento de acordo com cada indivíduo.

Atualize seu panorama gerencial com frequência. Ele será uma importante ferramenta para toda a sua carreira de gerenciamento.

Trace um cronograma preliminar para as conversas de gerenciamento
Com base no seu panorama gerencial, você deve ser capaz de traçar um cronograma preliminar para iniciar as sessões individuais de gerenciamento.

Comece definindo quando vai se reunir com quem e por quanto tempo. Se já vier reservando uma hora por dia para se preparar para essa mudança, então estará com meio caminho andado na direção de tornar o "gerenciamento de uma hora por dia" um hábito. Agora, é preciso decidir de que modo dividirá esse tempo entre seus funcionários. Nas primeiras conversas, pode ser necessário dedicar mais tempo do que uma hora por dia, talvez até uma hora e meia por dia, até que as reuniões se tornem rotina e possam ser breves. No início, planeje dois ou três encontros individuais por dia. É possível conversar com todos os membros da sua equipe em uma semana? Esse é um compromisso viável em termos de tempo? Se for, crie um cronograma preliminar.

Seu cronograma ganhará forma aos poucos, conforme você começar a gerenciar mais de perto. Daí por diante, provavelmente negociará horários o tempo inteiro com cada um. O importante é que você tenha, se possível, um horário escalado com cada funcionário toda semana. E ainda mais importante é que, uma vez marcada uma reunião individual de gerenciamento, ela seja sagrada.

Mas você ainda não está pronto para começar. Deixe esse cronograma em stand-by por mais algum tempo...

Implemente um sistema de acompanhamento de desempenho
Antes que você possa mergulhar de cabeça nas conversas individuais de gerenciamento, é preciso ter um sistema funcio-

nal para acompanhar o desempenho do funcionário. Este não precisa ser perfeito, até porque você vai reavaliá-lo e redefini--lo com o uso até que funcione a contento. Mas é primordial que no primeiro dia já tenha algo com que trabalhar. Como irá monitorar, avaliar e documentar o desempenho? Que metodologia parece se adequar a cada pessoa que gerencia? Vai precisar de um sistema de acompanhamento específico para cada funcionário ou o mesmo sistema servirá para todos? Será feito em papel ou em meio eletrônico? Será um caderninho que você levará no bolso ou um grande fichário que carregará debaixo do braço? Que formato irá adotar?

O mais importante no que diz respeito a esse sistema de acompanhamento é escolher algo que seja prático e adequado para o seu caso. Quanto antes tomar sua decisão, melhor.

O anúncio público

Agora que você está com a mente preparada e tem uma escala de trabalho e um sistema de acompanhamento, está na hora de fazer o anúncio público e começar a falar sobre as iminentes mudanças de gerenciamento com as pessoas-chave de quem depende para trabalhar.

Você deve evitar agir como se houvesse falhado como gerente até este momento. Em vez disso, adote uma mensagem mais simples: "Vou ser um gerente melhor, e isso quer dizer o seguinte..." Antes de anunciar seus planos para os funcionários, é preciso estar atento para alguns aspectos essenciais. Quando estiver prestes a ter essas conversas iniciais, lembre-se de que está dando uma boa notícia. Não se trata de anunciar que vai começar a agir como um cretino, mas que foi dada a largada para se tornar um excelente chefe. Você vai dedicar mais tempo para preparar as pessoas para obterem êxito e vai oferecer mais orientação, direcionamento e apoio. Vai ajudar seus funcionários a evoluir, trabalhar com mais competência e agilidade, a enfrentar menos problemas e a ganhar mais prêmios. Essa é uma ótima notícia! Pense exatamente assim para que esse sentimento dê o tom das primeiras conversas.

Antes de mais nada, converse com seu chefe

A maioria dos chefes ficará extremamente feliz ao saber que você quer se esforçar para se tornar um gerente melhor e se disporá a ajudá-lo em seus esforços. Se seu chefe for um obstáculo, é melhor ficar sabendo logo.

Primeiro, diga a ele exatamente o que está querendo realizar. Segundo, pergunte a ele se apoia seus esforços. Explique que precisa de sua ajuda e orientação. Terceiro, seja honesto e converse sobre a adoção de alguns procedimentos operacionais padrão para guiar você e seu chefe, que deverão trabalhar juntos nessa empreitada. Seu chefe trabalha com padrões diferentes dos seus em relação às exigências feitas aos subordinados? Sejam quais forem esses parâmetros, vocês dois devem cobrar as mesmas coisas.

Em vez de falar com você, seu chefe prefere interagir diretamente com seus subordinados? Em caso afirmativo, decidam juntos se isso continuará acontecendo. Cheguem a um consenso sobre as regras básicas relativas a quando, onde e como cada um de vocês vai se reunir com os funcionários sob seu comando. Entrem em acordo sobre o que conversarão com essas pessoas e o que ficará a cargo do seu chefe. Se planejarem discutir assuntos parecidos com os funcionários, combinem de conversar regularmente para assegurar que estejam passando a mesma mensagem.

Em vez de falar diretamente com você, que seria o correto, seus subordinados preferem falar com seu superior? Em caso afirmativo, decida com seu chefe de que modo vocês dois vão lidar com isso. Se um funcionário estiver tentando passar por cima de você, seu chefe poderá levá-lo à sua sala para que os três possam discutir a questão juntos. Talvez ele deixe que você resolva a situação e faça apenas intervenções para apoiá-lo.

Você não precisa da permissão do seu chefe para ser firme, falar como um coach, dedicar uma hora por dia para gerenciar, customizar sua abordagem de acordo com cada pessoa, dizer aos subordinados o que fazer e como fazer, acompanhar o desempenho a cada etapa do processo ou identificar e resolver pequenos problemas antes que piorem. Mas não resta a menor dúvida de que a ajuda do seu chefe seria muito bem-vinda para cobrar dos funcionários suas responsabilidades, fazer valer consequências negativas para quem apresentar mau rendimento e ajudar quem tem um ótimo desempenho a ganhar prêmios especiais.

Se seu chefe não acredita no gerenciamento participativo e rigoroso, dê a ele um exemplar deste livro. Tente pelo menos convencê-lo a aceitar e apoiar o que você está querendo fazer – mesmo que em parte. Se não conseguir convencê-lo, sorria e seja firme do mesmo jeito. Caso seu chefe seja tão permissivo quanto quer que você seja, dificilmente ele poderá responsabilizá-lo pelas precárias orientações que ele próprio oferece. Enquanto isso, os números da sua equipe vão melhorar, os funcionários insatisfeitos de baixo rendimento irão embora e o restante da sua equipe estará muito mais feliz. Os resultados falarão eloquentemente por si mesmos e poderão fazer seu chefe reconsiderar a posição dele. Ao mesmo tempo, você estará aprimorando suas habilidades de gerenciamento e estabelecendo um histórico profissional poderoso que será útil caso precise sair em busca de um outro superior que compreenda e aceite um gerenciamento mais atuante.

Depois de falar com seu chefe, pense em outros aliados e colegas a quem seja preciso comunicar as mudanças a caminho. Pense em como a nova abordagem vai impactar aqueles com quem você interage e que interagem rotineiramente com seus subordinados. Sente-se para conversar com cada pessoa que precise ser preparada ou incluída. Conte a elas o que planeja fazer. Peça o apoio delas.

Depois dessas conversas preliminares com seu chefe e com outras pessoas-chave, você estará com as turbinas bem aquecidas. Com sorte, estará ainda mais empenhado exatamente por causa desses procedimentos iniciais.

A conversa com a sua equipe

Se você já faz reuniões de equipe com regularidade, em algum momento será preciso anunciar a todos: "Serei um gerente melhor, e isso significa o seguinte..." E se não houver uma reunião regular de equipe? Você deve reunir todo o pessoal com o único propósito de anunciar essa grande mudança no seu estilo e na sua prática de gerenciamento? Chega a ter toda essa importância? Creio que sim.

Reúna todo mundo e, diante de todos, assuma um compromisso consigo mesmo e com eles. Ainda que prefira conversar com os funcionários separadamente sobre as mudanças em curso, a mensagem deve permanecer a mesma: "Serei um gerente melhor. Isso significa o seguinte: vou trabalhar mais perto de vocês. Dedicarei uma hora por dia, todos os dias, para me reunir com cada um em particular por cerca de 15 minutos, pelo menos uma vez por semana. Vou me esforçar ao máximo para prepará-los para terem êxito a cada etapa do processo. Apresentarei as expectativas com mais clareza e oferecerei mais ferramentas de planejamento e checklists. Vou acompanhar o desempenho com mais atenção para poder dar mais orientação, direcionamento e apoio. Trabalharei duro para ajudá-los a resolver pequenos problemas antes que eles se agravem. E vou me esforçar para ajudá-los a receber mais do que precisam e querem. Posso contar com vocês?"

Esteja preparado para enfrentar o receio dos funcionários, para ser alvo de muitas perguntas, dúvidas e críticas, e até mesmo para que duvidem que você fará o que está dizendo. Vai levar um tempo até que se acostumem. Uma boa forma de terminar a reunião de equipe é marcar logo o encontro com cada pessoa.

Não resta mais nada a fazer a não ser começar a gerenciar – uma pessoa de cada vez, um dia de cada vez

Se você fez todos os preparativos necessários, está pronto para dar início às conversas de gerenciamento em particular com cada um de seus subordinados.

Antes de cada reunião, prepare-se estudando o seu panorama de gerenciamento. Redija um roteiro que reforce seu compromisso de se tornar um chefe melhor e dê ênfase à descrição do novo gerenciamento que passarão a ter. Explique que se trata de um processo de aprendizado constante para você e que cometerá erros. Diga que planeja reavaliar e redefinir sua metodologia à medida que for avançando. Deixe claro para o funcionário que você sabe que se trata de uma grande mudança para ele também e que espera que ele passe por um processo de aprendizado. Explique que vai precisar da ajuda dele para que essa mudança seja positiva para ambos. Afirme que você sabe que melhorará progressivamente nesse novo relacionamento e que espera que o mesmo aconteça com ele.

Depois que tiver conversado sobre o motivo dessa mudança tão grande, o mais importante a discutir serão os parâmetros das conversas regulares de gerenciamento. Com que frequência você vai se reunir com esse funcionário? Exatamente quando e por quanto tempo? Onde? Explique para ele que seu compromisso com a nova forma de trabalhar é total, mas que você também é flexível. A melhor forma de concluir essa primeira conversa é recapitular os planos para a próxima reunião: Quando? Onde? Por quanto tempo? Sobre o que falarão?

É provável que as primeiras reuniões não fluam muito bem. Isso é normal. Com o tempo, você e seus subordinados saberão aproveitar cada vez melhor esses encontros para conseguir o que precisam um do outro. Lembre-se de que estamos falando de objetivos que mudam com o passar do tempo. Volte sempre às perguntas do seu panorama gerencial. E continue falando sempre de trabalho.

Fale como um coach. Faça descrições objetivas. Desmembre as tarefas em suas partes mais simples. Concentre-se nos próximos passos. Antes de cada reunião, prepare-se repassando as anotações que fez no encontro anterior e registrou no seu sistema de acompanhamento. Tome notas *durante* a reunião e transcreva-as para o seu sistema de acompanhamento *depois* da reunião.

Comece sendo bastante rigoroso e depois, quando os funcionários estiverem acostumados e já tiverem aceitado e se adaptado a esse regime mais duro, você poderá ser um pouco mais brando.

Seja o mais atuante que puder e você perceberá imediatamente o grau de firmeza com que cada pessoa precisa ser gerenciada e o melhor modo de calibrar sua metodologia de gerenciamento. Avise ao funcionário que você tem expectativas elevadas. À medida que ele for correspondendo a elas, você poderá ir suavizando essa rigidez pouco a pouco. Se ele continuar honrando a parte dele, suavize ainda mais. Mas continue se reunindo regularmente com ele para rever prioridades, apresentar as expectativas e monitorar, avaliar e documentar o desempenho.

Encurte as rédeas durante um tempo e acompanhe o funcionário mais de perto nos seguintes casos: se o desempenho dele começar a deixar a desejar de algum modo; se ele ficar mais lento, começar a negligenciar os detalhes ou os prazos, ou adotar algum comportamento inaceitável; ou se houver uma grande mudança nas circunstâncias, como, por exemplo, a designação de uma nova função, tarefa ou responsabilidade para o funcionário. Gerencie mais de perto até ter as coisas sob controle. Quando isso acontecer, você poderá voltar a suavizar sua abordagem.

A resistência dos funcionários e a resposta firme do gerente

Durante suas primeiras reuniões de gerenciamento com cada funcionário em particular ou sempre que começar a gerenciá-los com mais rigor e objetividade, é provável que alguns resistam. No momento em que você tentar cobrar deles a responsabilidade por seus atos, alguns certamente reagirão com desculpas esfarrapadas. O que o gerente deve dizer? Vejamos agora algumas maneiras de responder às reações clássicas dos funcionários.

Reação do funcionário: "Não me diga como devo executar o meu trabalho. Sei o que estou fazendo. Você não confia em mim?"

Resposta do gerente: "Eu tenho que entender perfeitamente o que você está fazendo e o modo como está fazendo. E preciso estar seguro de que é exatamente o que preciso. Por isso, vamos conversar sobre todos os detalhes dos procedimentos, passo a passo."

Reação do funcionário: "A culpa não é minha."
Resposta do gerente: "Vamos analisar exatamente o que você fez, quando e como. E analisaremos o que descobrirmos."

Reação do funcionário: "Isso não é justo."
Resposta do gerente: "Vamos conversar sobre o que você acha que seria justo e também por quê. Mas, antes, vamos falar sobre que consequências, exatamente, estão incomodando você e examinar com calma as ações que provocaram essas consequências."

Reação do funcionário: "Mas e eu? Eu quero _____."
Resposta do gerente: "Você quer _____? Fico muito feliz em saber disso. Vamos conversar sobre o que terá que fazer para consegui-lo."

Reação do funcionário: "Você não está a par dos fatos."
Resposta do gerente: "Estou a par dos seguintes fatos... Eis exatamente aquilo de que tenho conhecimento... O que está faltando? Em que você está se baseando para dizer isso?"

Reação do funcionário: "Essa tarefa tem problemas irremediáveis."
Resposta do gerente: "Essa tarefa não tem problemas irremediáveis pelos seguintes motivos... Vou lhe dizer novamente o que fazer e como fazer." Ou: "Você está certo, a tarefa tem problemas irremediáveis. Mas você pode fazer isto e aquilo

para concluir pelo menos a maior parte dela, mesmo com esses problemas."

Reação do funcionário: Corpo mole. (Ausência de reação ou reação praticamente nula. Exemplo: braços cruzados, silêncio.)
Resposta do gerente: "Temos que ser capazes de conversar sobre o trabalho e a forma de executá-lo." Por isso faça perguntas diretas. Comece com uma série de questões que exijam sim ou não como resposta. Continue fazendo perguntas que peçam respostas sucintas. Vá passando gradualmente para outras um pouco mais abrangentes. Se ele voltar a reagir com corpo mole, retorne às perguntas que exigem respostas sucintas.

Reação do funcionário: "Sim, sim, sim, sim, sim, sim" ou "Você está certo, você está certo, você está certo".
Resposta do gerente: "Obrigado. Fico feliz que concorde. Agora, vamos definir os próximos passos para podermos avaliar êxitos e fracassos." Desmembre os próximos passos em tarefas menores e monitore-as bem de perto. Após uma sequência de "Sim, sim, sim", você tem que acompanhar o desempenho imediato do funcionário. Se as ações que se seguirem ao "Sim, sim, sim" forem um fracasso, você deverá reagir com incredulidade à próxima sequência de "Sim, sim, sim". Poderá dizer: "Tivemos essa conversa ontem. Você disse 'Sim, sim, sim', mas não fez o que acordamos. Portanto 'Sim, sim, sim' não é uma boa resposta. Pode ser interpretada como 'Me deixe em paz, por favor', e isso é inaceitável."

Reação do funcionário: "Você está pegando no meu pé."
Resposta do gerente: "Fico feliz que tenha percebido. Vou lhe dizer exatamente por que estou pegando no seu pé..."

Reação do funcionário: "Você está favorecendo a Mary."
Resposta do gerente: "Deixe eu lhe dizer por que faço questão de premiar a Mary. Porque ela trabalha mais que todo mundo. Quando peço para ela fazer alguma coisa, ela faz. Quando não peço para ela fazer algo, ela percebe o que deve ser feito e faz também. Você quer que eu o beneficie? Vou lhe dizer exatamente o que preciso que faça. Vamos estipular metas com diretrizes claras e prazos concretos. Atinja as metas dentro dessas diretrizes e desses prazos e farei tudo ao meu alcance para ajudá-lo."

Mantenha-se flexível: reavalie e redefina a abordagem a cada etapa do processo

Depois que já estiver há mais ou menos seis semanas gerenciando as pessoas desse modo, as nuances do seu desafio gerencial vão se tornar cada vez mais cristalinas. Você possuirá uma ideia mais precisa sobre quem está fazendo o que, onde, por que, quando e de que modo. Já terá superado as surpresas e feito muitos ajustes. Suas conversas tête-à-tête começarão a parecer um procedimento operacional padrão. Se estiver monitorando, avaliando e documentando o desempenho de cada pessoa no seu sistema de acompanhamento, então terá acumulado um registro por escrito do comportamento de todos os funcionários.

Depois de digerir o que está acontecendo e dar tempo para seu novo estilo de gerenciamento operar seus milagres (em geral, seis semanas é tempo suficiente para ver alguns resultados significativos), chegará naturalmente a um ponto no qual algumas decisões são óbvias: é preciso demitir o Sam ou tenho que fazer todo o possível para não perder o Chris. É necessário transferir certas tarefas e responsabilidades da Pat para o

Bobby. E provavelmente é uma boa ideia ter uma conversa diária com a Pat durante um tempo, embora com o Bobby só seja necessário fazer isso uma vez por semana.

Sejam quais forem as suas decisões, você deve confiar no processo. Aja. Não diminua o ritmo e não fique estagnado. Mantenha-se flexível. Esteja preparado para reavaliar e redefinir sua abordagem com o tempo, conforme vão mudando as circunstâncias e as pessoas. Mantenha as reuniões regulares com todo mundo. Continue monitorando, avaliando e documentando. Não se esqueça de reconsiderar seu panorama gerencial de vez em quando. E não pare de fazer a si mesmo estas perguntas:

- Quem precisa ser gerenciado com mais rigor? Quem precisa de um pouco mais de espaço?
- Quem provavelmente vai melhorar? E quem não vai?
- Devo investir no aprimoramento de quem? Quem deveria ser demitido?
- Quem são meus melhores funcionários? Quem apresenta os maiores problemas de desempenho?
- Quem está pedindo privilégios e prêmios especiais? Quem os merece?

Como gerenciar funcionários que gerenciam

Quantos dos funcionários que você gerencia também são gerentes? De que modo os gerentes subordinados a você vão se encaixar em sua nova metodologia? Se quiser que eles se tornem tão participativos e rigorosos quanto você, terá que dedicar algum tempo para conversar com cada um e prepará-los. Você está prestes a fazer uma mudança radical para melhor no estilo e nas práticas desses gerentes. Concentre-se profundamente neles até que tenham entrado no ritmo e estejam exercendo o novo enfoque de gerenciamento de alto desempenho.

Empreste a eles o seu exemplar de *Não tenha medo de ser chefe*. Explique aos gerentes que, assim como você está fazendo um grande esforço para ser um chefe melhor, eles também precisam fazer o mesmo.

De agora em diante, você terá que gerenciar o modo como eles gerenciam. Em suas reuniões individuais regulares com eles, concentre-se no modo exato como cada gerente está realizando a árdua tarefa de gerenciar. Habitue-se a perguntas de sondagem sobre os subordinados, tais como: "Quando você se reuniu pela última vez com o funcionário 1? O que esperava conseguir? Sobre o que conversaram? No que o funcionário 2 está trabalhando? O que o funcionário 3 fez semana passada? Que orientações e direcionamentos você deu ao funcionário 4? Quais são as metas e prazos finais neste momento para o 5? Que anotações você fez no seu caderno? Posso dar uma olhada?" Se você quer que seus gerentes se concentrem em algo em especial com um ou mais funcionários, diga isso com todas as letras. Se quiser que transmitam uma mensagem específica, insista veementemente nessa mensagem. Escreva-a. Imprima-a em cartões para que o gerente a distribua entre os funcionários. Converse sobre ela. Demonstre-a.

Nos primeiros estágios de preparação dos seus gerentes no novo método, você pode até mesmo optar por participar das reuniões deles com seus funcionários para monitorar e acompanhar seu desempenho. Mas deixe que o gerente faça o gerenciamento – não passe por cima dele, nem o enfraqueça ou contradiga. Você deve apenas escutar e tomar notas para poder apresentar seu feedback ao gerente após a reunião. Isso não significa que não possa dar um feedback diretamente ao subordinado desse gerente enquanto estiver ali assistindo. Procure apenas fazer comentários sucintos e devolver a bola para o gerente sob seu comando. Assistir a essas reuniões lhe dará uma noção mais segura do andamento das coisas.

É claro que você também precisará conversar com seus gerentes sobre tarefas, projetos e responsabilidades não gerenciais. Mas lembre-se de que a primeira responsabilidade de todo gerente é gerenciar. Portanto esse aspecto deve receber total atenção no seu treinamento de gerentes.

Como gerenciar seu chefe

Quando você já tiver criado o hábito de gerenciar a si mesmo e a seus subordinados, será preciso avaliar se é necessário gerenciar também o seu chefe. Às vezes é preciso ajudá-lo a ser tão firme quanto você quer que ele seja.

Primeiro, procure trazer o melhor de si para o trabalho. Chegue um pouco mais cedo. Fique até um pouco mais tarde. E, enquanto estiver no trabalho, pense apenas no trabalho. No *seu* trabalho. Concentre-se em desempenhar a função que lhe foi designada antes de tentar fazer algo que vá além. Concentre-se em suas tarefas, suas responsabilidades de gerenciamento e seus projetos. Esforce-se para fazer tudo com qualidade e rapidez. Se quiser realmente ter alguma influência sobre o seu chefe, esse deve ser seu maior objetivo a cada etapa do processo.

Segundo, reserve um tempo todos os dias ou toda semana para ser gerenciado. Quer seu chefe se dê conta ou não, você precisa construir um diálogo de gerenciamento com alguma regularidade do mesmo modo que está construindo um com seus subordinados. Por isso, tome a iniciativa de marcar reuniões a intervalos regulares com seu superior. Ao tentar conseguir um tratamento mais objetivo e participativo da parte dele, siga estas regras: reúna-se com ele apenas quando você precisar; quando for se reunir, esteja preparado; tenha uma pauta objetiva com um pequeno número de pontos a serem abordados; e faça seu dever de casa. Se quiser orientação, apresente um plano. Se tiver perguntas, tente preparar algumas sugestões de respostas.

Terceiro, com o passar do tempo, ensine seu chefe a gerenciar você. Ensine-o a dar atenção ao desempenho, faça com que ele deixe as expectativas bem claras e peça que estipule um prazo para as tarefas. Ajude-o a se sintonizar com as suas necessidades e a personalizar o modo de lidar com você. Procure também personalizar o *seu* próprio modo de lidar com seu superior. E, é claro, tome notas detalhadas nessas reuniões e mostre-as a ele.

Quarto, quando precisar de algo do seu chefe, faça uma proposta. Se fizer solicitações displicentemente elas serão tratadas com displicência. Inclua sempre as seguintes informações: qual é a vantagem do que você está propondo? O que seu chefe ganha com isso? O que a equipe ganha com isso? O que a empresa ganha com isso? O que o cliente ganha com isso? Se estiver pedindo algo para si mesmo, coloque seu pedido sempre como uma troca: "Estou disposto a fazer A, B e C para ter X, Y ou Z." Lembre-se de que, se estiver pedindo muito, é preciso oferecer muito em troca.

Quinto, seja sempre o profissional de alto desempenho e iniciativa própria que você espera encontrar em seus melhores funcionários.

Não tenha medo de ser chefe. Seja um gerente extaordinário!

Você é o chefe – a pessoa mais importante no local de trabalho. Que tipo de chefe vai ser?

Combata a epidemia de subgerenciamento. Faça valerem as responsabilidades pessoais. Seja o chefe que diz: "Tenho uma ótima notícia: eu sou o chefe! Para mim, essa é uma responsabilidade sagrada. Tomarei todas as providências para que tudo ande perfeitamente bem por aqui. Darei todo o meu apoio para que você realize um grande volume de trabalho, com qualidade e rapidez, o dia inteiro. Vou prepará-lo para obter êxito a cada etapa do processo. Quando precisar de algo, vou ajudá-lo a conseguir. Quando quiser algo, vou ajudá-lo a fazer por merecer."

Reconheça sua própria autoridade, assuma o controle e torne-se um gerente forte. Você deve isso ao seu empregador, aos seus funcionários e a si mesmo.

Agradecimentos

Como sempre, devo agradecer em primeiro lugar às milhares de pessoas incríveis que partilharam comigo e minha empresa, ao longo dos anos, as lições vividas no ambiente de trabalho desde que começamos nossa pesquisa, em 1993. Também quero agradecer aos muitos líderes empresariais que confiaram em nosso trabalho ao contratarem nossos serviços e nos deram a oportunidade tão rara de aprender com os desafios enfrentados por gerentes todos os dias na vida real. Às centenas de milhares de pessoas que estiveram presentes em minhas palestras e meus seminários ao longo dos anos: obrigado por me ouvirem, por partilharem experiências tão ricas, por me desafiarem com perguntas realmente difíceis, pela imensa gentileza e por terem me ensinado tanto. Devo muito aos gerentes que participaram de nossos treinamentos – minha maior fonte de aprendizado. Agradecimentos especiais àqueles cujas histórias reais aparecem neste livro.

A meus parceiros na RainmakerThinking – Jeff Coombs e Carolyn Martin –, obrigado pela extrema dedicação, pelo compromisso e pelas contribuições inestimáveis à empresa todos os dias. Vocês dois são grandes e verdadeiros amigos. Sou profundamente grato à experiência enriquecedora de trabalhar com cada um de vocês. Carolyn é uma escritora, palestrante e instrutora talentosa, e já ensinou milhares de gerentes a serem mais firmes e eficazes. Aprendi muito com ela. Carolyn também ilumina a vida de todos de quem se aproxima. Jeff é um de meus melhores amigos desde meus 16 anos. Administra minha empresa desde 1995 e, nesse sentido, é um dos primeiros gerentes a quem ensinei ser rigoroso, objetivo e participativo. Aprendi muito observando Jeff se tornar um excelente chefe. Também aprendi muito observando Jeff como pessoa. Obrigado, irmão Jeff.

Este livro ganhou muito mais força graças a inúmeras outras pessoas. Quero agradecer a Leah Spiro por seus conselhos e seu apoio. Sou grato a Marion Maneker por sua orientação e direcionamento, bem como por ter me acolhido – e ao meu livro – com entusiasmo desde o princípio. Joe Tessitore, presidente da Collins, é meu novo herói, pois leu sobre meu trabalho na *Newsday* e me procurou, oferecendo-me a oportunidade de fazer meu primeiro lançamento editorial de peso desde 2001. Sr. Tessitore, quero lhe agradecer do fundo de meu coração pela honra de trabalhar com você e com a Collins neste livro. Espero ter feito jus à confiança depositada em mim.

Minha brilhante editora, Genoveva Llosa, fez um exame bastante meticuloso no meu primeiro esboço e me enviou uma carta detalhada com instruções passo a passo para reescrever toda a obra. Foi rigorosa e cuidadosa em suas orientações. Gerenciou-me como uma excelente chefe deveria gerenciar um subordinado. Deixou suas expectativas muito claras. Forneceu-me uma lista de itens a serem cumpridos. Deu-me um prazo bem definido. Depois, fez com que eu mandasse para ela os capítulos, um por um, à medida que os reescrevia. Desse modo, foi possível acompanhar meu desempenho a cada etapa do processo. Agora, permitam-me dizer, ninguém que escreve um livro fica feliz em ter que reescrever algo que lhe parecia perfeitamente aceitável do jeito que estava. Mas quando já tinha implementado metade das instruções de Genoveva, tive uma revelação. De repente percebi que ela estava 100% certa. Sua concepção do livro representava um avanço sensacional. Reescrever tudo me deu muito trabalho, e Genoveva continuou fazendo pequenas intervenções até que acabamos chegando a esse resultado infinitamente melhor. Sou muitíssimo grato por melhorar tanto o meu livro. Obrigado.

E, claro, a Susan Rabiner, minha agente (e de minha mulher, Debby, também). Eu já havia escrito livros antes de conhecer Susan, mas sinto que foi ela quem me transformou num escritor. Ela mudou nossa vida e nossa carreira. Confiou em nós o tempo inteiro e sempre nos deu as más notícias junto com as boas. Susan nos ensinou tudo que sabemos sobre escrever e editar livros. A genial Susan e seu genial marido, Al Fortunato, escreveram *o* livro sobre como publicar literatura de não ficção, *Thinking Like Your Editor*. Susan possui o toque de Midas. Nunca discuti algo com ela que não tenha passado por uma estranha alquimia. Susan transforma ideias em ouro. É o dom que ela tem. Passaremos o resto de nossa vida e de nossa amizade agradecendo a ela por nos auxiliar de forma tão brilhante na publicação de nossos livros.

A meus familiares e amigos devo meus agradecimentos mais sinceros e profundos pela minha existência e por ser quem sou. Obrigado a meus pais, Henry e Norma Tulgan; meus sogros, Julie e Paul Applegate; minhas sobrinhas e sobrinhos (dos mais velhos para os mais novos): Elisa, Joseph, Perry, Erin, Frances e Eli; minha irmã, Ronna, e meu irmão, Jim; minha cunhada, Tanya, e meus cunhados, Shan e Tom. Amo muito todos vocês.

Agradecimentos especiais a meus pais queridos pelo trabalho duro de terem me criado e por estarem entre meus melhores amigos até hoje. Valorizo como um tesouro o tempo que passamos juntos.

Agradecimentos especiais a Frances por me demonstrar a verdadeira face do microgerenciamento, mas sobretudo por encher meu coração de alegria e completar minha vida. Obrigado, Franny, por me deixar ajudar a cuidar tanto de você (uma experiência que também tem sido uma inesperada fonte de lições sobre gerenciamento).

Finalmente, reservo meus agradecimentos mais profundos sempre para minha mulher, a Dra. Debby Applegate, autora de *The Most Famous Man in America: The Biography of Henry Ward Beech*. O livro dela é tão bom, tão bem escrito, que serviu de referência no preparo do meu. Obrigado por isso, Debby. A verdade é que não existe nada, absolutamente nada, que eu faça sem ela. É minha conselheira constante, crítica mais severa e colaboradora mais próxima. Este livro é dedicado a Debby Applegate, o amor da minha vida, minha melhor amiga, minha parceira em todas as coisas, minha cara-metade, dona do meu coração e a pessoa sem a qual eu deixaria de existir. Obrigado, meu amor.

CONHEÇA OUTROS TÍTULOS DA EDITORA SEXTANTE

1.000 lugares para conhecer antes de morrer, de Patricia Schultz
A História – A Bíblia contada como uma só história do começo ao fim, de The Zondervan Corporation
A última grande lição, de Mitch Albom
Conversando com os espíritos e *Espíritos entre nós*, de James Van Praagh
Desvendando os segredos da linguagem corporal e *Por que os homens fazem sexo e as mulheres fazem amor?*, de Allan e Barbara Pease
Enquanto o amor não vem, de Iyanla Vanzant
Faça o que tem de ser feito, de Bob Nelson
Fora de série – Outliers, de Malcolm Gladwell
Jesus, o maior psicólogo que já existiu, de Mark W. Baker
Mantenha o seu cérebro vivo, de Laurence Katz e Manning Rubin
Mil dias em Veneza, de Marlena de Blasi
Muitas vidas, muitos mestres, de Brian Weiss
Não tenha medo de ser chefe, de Bruce Tulgan
Nunca desista de seus sonhos e *Pais brilhantes, professores fascinantes*, de Augusto Cury
O monge e o executivo, de James C. Hunter
O poder do Agora, de Eckhart Tolle
O que toda mulher inteligente deve saber, de Steven Carter e Julia Sokol
Os segredos da mente milionária, de T. Harv Ecker
Por que os homens amam as mulheres poderosas?, de Sherry Argov
Salomão, o homem mais rico que já existiu, de Steven K. Scott
Transformando suor em ouro, de Bernardinho

INFORMAÇÕES SOBRE
OS PRÓXIMOS LANÇAMENTOS

Para receber informações sobre os lançamentos da
EDITORA SEXTANTE, basta cadastrar-se diretamente no site
www.sextante.com.br

Para saber mais sobre nossos títulos e autores, e enviar
seus comentários sobre este livro, visite o site
www.sextante.com.br ou mande um e-mail para
atendimento@esextante.com.br

EDITORA SEXTANTE
Rua Voluntários da Pátria, 45 / 1.404 – Botafogo
Rio de Janeiro – RJ – 22270-000 – Brasil
Telefone: (21) 2538-4100 – Fax: (21) 2286-9244
E-mail: atendimento@esextante.com.br